河出文庫

パリジェンヌ流
今を楽しむ！ 自分革命

ドラ・トーザン

河出書房新社

第三章　男と女

第四章　もっと魅力的になる

第五章　強くなる

未来のために今を我慢しない
vie!

美しさは、
若さではなく
オーラで表現しよう

Vivre sa

他の誰でもない人生を、
自由に自分らしく生きましょう！

Dora

第一章　自分のスタイルを見つける

自分スタイルは、「今」を自由に生きること

パリジェンヌの辞書には「我慢」という言葉がありません。だから、「将来のために今は我慢の時期」なんて考えたりはしないのです。日本ではどちらかというと、将来のために我慢しよう、何かあったときのために備えようという考えが主流のようです。

極端な問いかけですが、明日死んでしまったら？　人生は限りがあるのですから、将来よりも、今を充実させることのほうが大切です。

私には「人生設計」という言葉もピンときません。もちろん、目標を立てて実践することは必要。でも、それは型にはまった（設計された）人生をなぞることと同じではないはずです。自由に生きることを標榜している私には、数年前に立てた目標のために今の自分が縛られるのはいやですし、思いがけないチャンスが到来したら、フレキシブルに対応したいのです。

それには、今自分がやりたいことが明確になっていることが大切です。寝たままで

チャンスはやってきません。好奇心旺盛な私はやってみたいことがいつでも目の前にあります。カンボジアに行ってみたい、執筆に専念でき、ホームパーティが開ける家に引っ越したい、本を出したい、メドゥサン　デュ　モンド（世界の医療団）の活動を取材したい、中国に行きたいなどなど。

じつは、これはすべて、ここ一年で実現したものばかり。新しい年が明けてすぐ、まだやっていないこと、やってみたいことを手帳にリストアップしてみたのです。やりたいことを確認できたら、あとは行動するだけ。ひとつ実現できると、また新しくチャレンジしたいことが増えてきます。そうして自分の人生を積み上げていく生き方が私には合っているし、豊かだと思えるのです。

だからでしょうか、私は日本映画の『男はつらいよ』の寅さんがとても好き。寒い冬も少々やせ我慢の雪駄《せった》のスタイル。定職に就いて家庭を持つ生き方に憧れつつも、経済的には不自由でも精神的に自由な旅暮らしをする独特な生き方。寅さんと私とはまったく違いますが（とくに異性に振られてばかりのところ！）、自由を愛し、他人への愛にあふれた生き方に共感を覚えるのです。

歩いていて角を曲がると遭遇する、思いがけない出会い、それを楽しめるのが自由な生き方です。そんな軽やかな心持ちを忘れずに、今やりたいことに全力投球するのがドラスタイル。ちょっと寅さんに似ていると思いませんか？

今を自分らしく生きることこそ、幸せへの近道。約束もされていない将来のことや、経済的なこと、世間体のために我慢するのはやめましょう。

「人生設計」という考えもひとまず置いて、今、幸せだと思う生活に切り替えてみましょう。小さなことでもいいのです。トライしてみたいこと、実現できたらうれしいと思えることを手帳に書いてみたらどうでしょう。やりたいことがはっきりしていると、自然とその方向へアンテナが向いて、チャンスもつかみやすくなります。そして、思いがけない可能性を楽しむ余裕も生まれます。

少しばかりの勇気を持って一歩踏み出せば、自分スタイルで生きる人生が始まります。

★幸せのスタイル 1
未来のために今を我慢しない

アクションをしてはじめて「自分らしい」スタイルを発見できる

朝、身支度を整えて、鏡の前に立ったとき、

「今日の装い、なんだか私らしい」

と感じたことはありませんか。

今の気分にぴたっと合っている心地よさ。肩ひじを張っているわけでもなく、こうありたいと考えているスタイルがしっくりと自分に合ったときの喜び。そんなときこそ、自分らしさを再発見したといえるのではないでしょうか。逆をいえば、私らしいと感じられるのは「私らしくない」という失敗も過去にしているからとも言えます。

洋服に限らず、生き方や暮らし方といった自分のスタイルを見つけるには、いろいろな経験を重ねて、「私らしい」という調和を見つけていくことが大切です。自分らしい人生を生きている、と心から思えると、今の暮らしや自分がいとおしいものに感じられます。

それには、まずトライしてみること。頭で考えるよりも行動しながら、自分自身に

ついて発見していきましょう。

私自身、こんなにも日本と深く関わり、切っても切れない関係になってしまうとは思ってもみませんでした。一〇代の頃から外国暮らしが好きだった私が日本に来たのは、フランス政府の奨学金をもらえたから。貿易の仕事をしていた叔父が研修の受け入れ企業を紹介してくれたおかげでした。そのときの私は、ほんの数ヵ月だけ滞在して、日本企業のシステムについてのレポートをフランス政府に提出したら、すぐにでも日本を去る予定だったのです。アジアにさして興味のなかった私は、来日前に日本語を勉強しておこうとさえ思いませんでした。知っていたのは「ありがとう」と「さようなら」の二つだけ。

ところが実際に日本に滞在して、私は自分自身について思ってもみなかった発見をしました。

まず、私は日本と日本文化にとても魅了されてしまったということ。日本は第二の祖国だと言えるほど愛する国になりました。それ以来、日本にフランスのことを、そしてフランスに日本のことをもっとよく知ってもらいたいと思うようになりました。《日本とフランスの架け橋》を自任し、そのための活動にエネルギーを注いでいます。

そして二つめの発見は、テレビが私の個性にとても適したメディアであるということ。

日本でお世話になっていたホストファミリーが教育テレビを観ていて、私にＮＨＫのテレビ番組『フランス語会話』に出演してみてはどうかとすすめてくれたのです。「ドラが出ていたらすてきじゃない」というぐあい。興味を覚えた私は、テレビ局に電話をしてみました。すでに来年のレギュラー出演者は決まっているということでしたが、それでも番組担当プロデューサーの面接だけは受けました。そして私はニューヨークへ。長年の夢だった国連本部で仕事をするためです。

そんな私に日本から電話がかかってきました。『フランス語会話』の新レギュラーとして私を迎えたいという、ＮＨＫからの申し出でした。なんというジレンマ！

このままニューヨークで好きな仕事を続けるか、それとも日本でテレビの仕事に挑戦してみるか。悩み抜いた末に、私は日本に戻ってテレビの仕事をする道を選択しました。そして、『フランス語会話』の講師をなんと五年の長きに渡って続けたのです。その結果私は、自分が根っからのテレビ好きであること、そして東京の生活も自分にはもう不可欠であることを再認識しました。

そんな話をすると、

「ドラは運がいいのね」

と言われたりもします。でも私に言わせれば、これは運の問題ではありません。みなさんと同じような選択肢の中から、私がこういう生活をしたいと思って選びとってきた結果だと思うのです。もちろん、差し出された選択肢から選ぶだけではなく、自分からアクションを起こしてチャンスをつかんできたことも多いのですが、それは私だけの特技ではないはず。

大学を卒業したらすぐ就職しなくてはいけないとか、テレビの仕事なんて自分ができるわけがないなんて思わず、自分が興味を持ったことにアクションを起こした結果です。もしかしたら、チャレンジの内容に制限をつけないところが、パリジェンヌのいいところかもしれません。日本人からすれば「まあ、ずうずうしい」と思えることだってへっちゃら。他人からどう思われるかということより、やってみたいと思ったことこそ優先するべきです。

なんでもやってみなければわからない！　自分スタイルを頭の中であれこれ考える前に、まずはハッピーだと思えることをやってみましょう。その結果、思いもしなかった自分のスタイルを見つけられたら、それこそ人生の醍醐味だと思うのです。

★幸せのスタイル　2

自分らしさ(個性)はアクションのあとについてくる

日本にフランスのことを、フランスに日本のことを伝える
「日本とフランスの架け橋」が私の仕事です！

他人に気に入られるよりも、「自分」を気に入ることが大切

「何が幸せか」と聞かれたら、それはなんと言っても、自分のリズムで生きていられること。自分の人生を「愛してる！」と心から言えることではないでしょうか。

パリジェンヌにとっても自分探しは大切です。いくつになっても、「これでいい」ということはありません。自分の人生を愛せているかをつねに考え、もし、何かしっくりこないと思ったら、自分らしくいられることを優先するのです。

私の友人マルティーヌのケースを紹介しましょう。彼女は数ヵ国語を流暢に話し、フランスでも有数の大企業ＬＶＭＨ（モエ　ヘネシー・ルイ・ヴィトン）でマーケッターとして活躍していました。快適な労働条件にやりがいのある仕事、彼女の経歴にふさわしい、皆がうらやむポジションを熱心にこなしていたのです。

そんな彼女がなんと教員試験にトライして、小学校の先生に転身。私も含め、周りの人たちは驚きました。安定しているとはいえ給料は格段に下がるし、子ども相手の仕事ですから決して楽なものではありません。しかもこの転身で、一〇年間の結婚生

活に終止符を打つことにもなってしまいました。

　のちにマルティーヌはこう語ってくれました。

「私にはお金よりも大切なものがあったということね。お給料は前より悪くなったけど、この仕事を選んだのは、自分がどういう生き方をしたいかって真剣に考えた結果。今の生活が快適で安らぎに満ちていて、静かでなんの問題もないとしても壊さなきゃいけないこともあるの。結局私は、誰かの役に立つ仕事がしたいという思いがどうしても捨てられなかったのね」

　私もまた、仕事では幾度となく転機を迎えています。

　再来日して以来、テレビ番組の仕事や慶應義塾大学の講師などやりがいのある仕事をしていましたが、あるとき自分の人生を見つめ直したのです。それは事故に遭って入院を余儀なくされたときでしたが、当時のあまりにも忙しい毎日はほんとうに自分が望んでいる生き方なのだろうか、と自分の心と向き合ってじっくり考えたのです。

　そして今では、フリーランスとして仕事をしています。私がいちばん大切なのは「自由」。自由であると感じられる生き方がいちばん私らしいと思ったからです。

「いい企業にお勤めでうらやましい」

　そんな周りの評価や世間の目を気にした決断はもってのほか！　自分にはウソはつけないのですから、自分が幸せだと心から思えること、ほんとうの自分でいられると実感できることを選びましょう。それが「自分の人生」を生きることなのです。

そうそう、日本のファッション誌に「彼のママに好印象のお嬢さんスタイル」というような見出しを見つけると、「パリジェンヌが知ったら、びっくりするだろうな」と思います。他人に気に入られるために自分らしさを後回しにすることなんて、パリジェンヌには考えもおよばないのですから。

ちょっと話がそれましたが、自分らしさを大切にすることは、なんでも自分の思い通りにすることではないのです。自分らしさを貫くには、ときとしてリスクを求められることが多いでしょう。マルティーヌのようにお給料が下がったり、私のようにフリーランスという不安定な立場になったりすることもあります。それでも、自分らしいと思える選択のできる強さを持っているのがパリジェンヌなのかもしれません。

何かを変えるとき、恐怖を感じるのはパリジェンヌだって同じ。でも、「自分の人生を自分の決断で生きた!」と胸を張って言える人生は、すがすがしく、いとおしいと思うのです。

★幸せのスタイル 3
自分らしく生きるには、優先順位をつけて行動すること

可能性を試す生き方が人生を豊かにする

「あなたの職業はなんですか」と聞かれると、私はよく「日本とフランスの架け橋です」と答えています。

具体的にはジャーナリストであり、エッセイスト。また、ときにはレポーターであり、教師でもあります。そう付け加えても、やはり私の活動を正確には言い表せないからです。

私は、自分の興味のあることにはつねにチャレンジする生き方をしています。サッカーが大好きなので、ワールドカップのときはフランスのテレビでレポーターの仕事をしましたし、ワインの専門学校で講師もしています。東京日仏学院ではフランス語の教師ですが、フランスの地方やカルチャーを伝える講義も担当しています。ときには、美容についてトークショーをしたり、フランスについてのセミナーを開催したり。バレエ関係の仕事も引き受けますし、映画も好きなので、映画祭の取材は欠かさずします。振り返れば、五年以上続いた仕事はＮＨＫの『フランス語会話』だけ。ここだけの話、同じことを五年続けるのは長すぎると感じてしまうのです。

サッカーからワイン、詩に至るまで、私がいろいろなことに興味を持ちすぎるといって嫌みを言ったり、非難する人もたまにいます。

「ドラ、もう少し落ち着いてひとつのことに取り組んだら？」

そうアドバイスしてくれる人もいます。

でも、そんなことは気にしたって仕方のないこと。私に言わせれば、どれも日本とフランスの架け橋という共通点があるわけですし、そもそも私という人間は、こういう多様性に富んだ個性の持ち主なのです。むしろ、自分らしい生き方をしていると誇らしく思えるぐらい！　フリーランスでの働き方が気に入っているのは、いろんなテーマの仕事にチャレンジできるからともいえます。

だから「飽きっぽい」とか「ひとつを極められていない」ということは絶対のマイナスではないのです。それは、未知の可能性を試せる資質かもしれません。短い人生、いろんな経験をするのも人生を楽しむ秘訣ではないでしょうか。

年齢だとか、キャリアがないということで、自分の可能性を狭めることはありません。今までやってきた仕事とジャンルが違うことでも、興味を覚えたらぜひチャレンジしてみましょう。多様性のある経験は、人生や自分自身に深みを与えてくれるはずです。

ただ、チャレンジするときに「自分らしいかどうか」、「ほんとうにやってみたいかどうか」をそのつど検討することは大切です。私がNHKの『フランス語会話』に出演していた当時、バラエティ番組からのオファーがかなりありました。テレビという媒体はとても魅力的ですが、一方で、ある役割を受け持つことを求められます。ドラマ自身というよりも、パリジェンヌらしいコメントを期待されるというぐあいに……。また、半年や一年間といった長期に渡る契約は、収入の保証という点では魅力的ですが、気ままにスケジュールを組めない不自由さもあります。こうしたことを考え併せて「私らしい生き方」を選んだ結果、そうしたオファーを断ることにしました。お金はもちろん大切だけれど、そこそこ生活できるのであれば、自分らしい生き方を曲げてまで収入を増やそうとは思わないのです。

仕事を選ぶときに収入がいいかどうかが大きな要素になるのは事実。でも、どうぞそれだけに目を奪われず、自分らしい選択で人生を個性的に彩りましょう。

一足飛びに「仕事」にしなくたっていいのです。まずは、興味を覚えたことにチャレンジすること。その世界に飛び込んでみることです。趣味のサークルかもしれないし、海外生活かもしれません。「お金がない」とか「家族が反対する」など、やらない言い訳を探すのはやめましょう。

そう、チャレンジはときに面倒くさく、勇気がいることでもあるのです。でも明日、どんな可能性が待っているかわからないのですから、可能性を信じて前向きな選択をしてみましょう。

★幸せのスタイル　4
飽きっぽくてＯＫ。好きなことに自分で制限をつけない

服をほめるのは個性をほめること

自分らしいスタイルを考えるとき、どんな装いをするかということも大切です。「外見より中身が大切！」それは否定しませんが、人を魅了したいと思うのなら、内面の自分らしさを形として見せるセンスを磨かなくては。パリジェンヌは、服装は自分を表現する大切な手段だと心得ています。装いについて考えることは、自分の個性やスタイルを考えることにもつながるのです。

装いは、その人の第一印象を決定づけるキャッチコピーのようなもの。人はまず、あなたがどういう体つきをしていて、どういう服を着ているかということを見るのです。そして、装うということは他の人を尊重することであり、同時に人の目を楽しませるということでもあります。

また、人に自分をどんな人間として印象づけたいかということも大切なポイント。個性をファッションでも演出するのがパリジェンヌというわけです。パリジェンヌにとって最高のほめ言葉のひとつは、「彼女はとてもエレガントだ」と言われること。

これは女性の装いに欠かせない要素です。実際、パリジェンヌの装いは見る人の目を楽しませます。それは、エレガントに生まれついているからではなく、人の視線を感じながらおしゃれをしているからなのです。視線を意識すること、これがパリジェンヌのおしゃれの秘訣かもしれません。人の目を気にするという意味ではありませんよ、念のため。その日会う人やイベント、その日の天気や気分に応じて、周りからどんな視線を注がれたいか、どんな印象を持って眺めてほしいかを考えてみましょう。

内面の美しさと外見の美しさ。どちらも兼ね備えてはじめて完璧な美と言えます。つまり、体調がよければ、より美しくなり、自分らしく調和して生きていれば輝くオーラを発散して、よりあなたを美しく見せることができるということ。美は総合芸術です。自分の個性を知ることから始まって、肌の手入れ、洋服選び、化粧、ヘアスタイル、香水など、すべてに関わるのです。

着ている洋服をほめるのはフランスでよくあること。ほめられるということは、自分が人の目を楽しませている証ですから、悪い気はしません。オフィスでも朝の挨拶をするときに、

「そのシャツ、かっこいいね」

「キミって赤が似合うんだね」

などとお互いを「プチ賞賛」をするのは当たり前。ドレス姿をほめられて、それを

セクハラだと怒るアメリカ人とは違うのです。

そうしてもうひとつ。パリジェンヌはいついかなるときでも、人から注目を浴びることを意識しています。だからちょっと近所にパンを買いに出るときだって、いい加減な格好はしません。子育て中のパリジェンヌだって、ヒールは必需品です。おしゃれ心を忘れたらおしまい！

だって、人を魅了することこそ、おしゃれのおもしろさですし、人生の醍醐味なのですから。若いパリジェンヌだけでなく、あらゆる世代のパリジェンヌが自分の好みのスタイルを保持しつつ、人の目を楽しませようと思っているのです。

★幸せのスタイル　5
装いのポイントは「この格好で人を魅了できるかどうか」

「自分自身がブランド」と思えば、おしゃれも個性的になる

パリジェンヌは自分の装いにつねに注意を払っていますが、だからといって、いつも有名なブランドで飾り立てているわけではありません。

というより、じつはその逆です。

パリジェンヌはどうやって自分自身のスタイルを見つけているか、いくつか例をあげましょう。

「どの服を着ようかな」というより「どう工夫して着ようかな」と考えるのがパリジェンヌ。彼女たちは好奇心と批判的精神が旺盛です。パリジェンヌは、決して多いとはいえない手持ちの服やアクセサリーの組み合わせを工夫して装う天才なのです。

まず、他の人と同じような格好はしません。もし、あなたがコケティッシュなパリジェンヌに、

「あなたってヴァネッサ・パラディみたいね」

と言ったとしたら、彼女はうれしがるどころか気を悪くする可能性のほうが高いで

しょう。パリジェンヌはあくまでも自分がブランド。自分のセンスや自分をどう見せるかということにプライドを持っているのですから。自分が誰かのコピーだと思われることはパリジェンヌにとって侮辱に等しいのです。

だからといって、何も強烈な格好をするわけでも、「ちょっとでも人と違っていなければ！」と肩ひじを張っているわけでもありません。流行を念頭に置きながら、人とほんの少しだけ違うおしゃれを楽しむのです。もちろん、流行の取り入れ方も日本人とはちょっと違います。

ベーシックなものに、好みのテイストや色、アクセサリーなどの小物を組み合わせて個性を演出するのがパリジェンヌ流。シンプルに見えても、じつは考え抜かれた装いなのです。モード雑誌はよく読みますが、それに大きく影響されるようなことはありません。自分の趣味や職業、体型などを考慮したうえで、似合うものを着ます。だって私たちは一人ひとりまったく違った、世界でたったひとつの存在なのですから、皆が同じ格好をするなんて無意味です。

ブランドものはある程度品質が保証されていますし、素晴らしいデザインのものがたくさんありますが、だからといってそれだけで身を固めるのはどうでしょうか。ブランドとノンブランドの服や小物を組み合わせるおしゃれこそ、その人の個性が出るからおもしろい。それがパリジェンヌの考え方です。私もミックスするおしゃれが大好きで、大ぶりのジュエリーと裏原宿で見つけたガラスのリングを組み合わせたり、アバンギャルドなワンピースに草履サンダルを合わせたり、自分流のスタイリングを楽しんでいます。

また、パリジェンヌはコントラストを好みます。たとえば同じ服でもアクセサリーを変えるだけで、雰囲気はガラッと違ってきますから。黒のパンツでも、あるときはカジュアルに、またエレガントに、そしてちょっぴりアバンギャルドに、というようにいろいろな表情を自由に創り出すのです。

パリジェンヌ流おしゃれの第一歩は、まず似合う色を知ること。

そして、自分をより魅力的に見せる服を探すこと。自分をチャーミングに演出するアクセサリーやスカーフといった小道具使いを身につけること。そして、ファッションリーダーと言われる人たちのアドバイスに盲目的に従うようなことは決してせず、自分のスタイルは自分で作るんだという気で取り組んでみてください。自分を演出するアーティストになったつもりでね！

あなたが選んだ服が、あなた自身とうまく調和していますか。自分のスタイルを決めてしまう前に、まずよく自分を観察しましょう。自分のパーソナリティーや仕事、年齢にふさわしい装いこそが、最高にあなたを演出してくれるのです。

★幸せのスタイル　6
「どう工夫して着るか」で頭をひねる

素材違いの白いアイテムを重ねたシックなミックススタイル。シンプルシックはパリジェンヌの基本です。

パリジェンヌ流ボディコンシャスのススメ

ランジェリーは女性らしさの象徴ではないでしょうか。着け心地のよさを第一に選ぶ人もいますが、大半のフランス女性は、下着選びにとても神経を使っています。だから、フランスにはどんな小さな街でも商店街にひとつはランジェリーショップがあります。

ショーウインドウにはまるで宝石のように美しいランジェリーが飾られていて、通りがかるカップルたちは、しばしば足を止め「ねえ、あのゴージャスな下着はキミにきっと似合うよ」なんて言葉を交わします。ときには、真剣に何が似合うかどうかを議論し出すカップルも。フランス人なら皆、下着姿の女性がどれだけチャーミングか当たり前のように知っているのです。

なんだか元気が出ないときに私はランジェリーを買います。すると、とたんに気分がよくなるから不思議。ブラジャー選びは、自分の快楽のためと言ってもいいかもしれません。

ランジェリーとは、それを身に着けた自分が美しいことを確認して、喜びに浸るためのもの。自信を取り戻せます。

下着に限らず、身に着けるものを「トレンド」であるかどうかを示す手段にするのではなく、「気持ちがよくなるかどうか」で選んでみましょう。気分がすぐれないとき、私はエネルギーを与えてくれるような色の洋服を選びます。

いやなことがあって気分が落ち込んだりむしゃくしゃしたら、友だちを誘って飲みに行くのもいいけれど、お気に入りの部屋着（もしくは下着）で過ごしてみたり、ランジェリーを探しに行くのもおすすめです。

また、下着をきちんと選ぶことはエレガンスの始まりです。

服にそれほど気を使わなくても、下着には凝るというパリジェンヌはたくさんいます。コットンシャツにジーパン姿のパリジェンヌが素肌につける下着は、ドッキリするほどセクシーだったり、繊細でロマンチックなものだったりします。自分だけの喜びのために下着は存在するということなのでしょう（ときに、恋人の喜びのために選ぶこともありますが）。

下着はただ隠すためのものではありません。覆いながらも、女性の美しさを見せるもの。美しさをサポートしてくれる大切な小道具なのです。胸の大きさは問題ではありません。

どうぞ自分の女性らしさに自信を持って！　日本女性のプロポーションは、世の多くの男性にとって理想的な女性美を体現しているのですから。

★幸せのスタイル　7
元気が出ないときは下着を買う

パリジェンヌは香水で「自分」をアナウンスする

「香水をつけない女には、いかなる未来もない」とは、フランスの詩人ポール・ヴァレリーの言葉。ちょっと大げさですが、この言葉には深い真実があります。

私は五感を大切に暮らしていますが、その中でも嗅覚はとくに重要です。たとえば街の匂い。パリにも東京にも、それぞれ独特の匂いがあります。そして、いとしい人の香り、赤ちゃんの匂い、コーヒーの香り、ワインのブーケなどなど。匂いは体中の細胞を刺激して、エネルギーを引き出してくれます。

そして香水。香る水、なんてすてきなネーミングでしょう。それに、ただ香るだけではありません。ここから快楽が始まります。そう、おいしい料理の匂いが食欲を刺激するように、香水は心を魅惑し、快楽へと導いてくれるのです。香水をどこにつけたらいいかと聞かれたココ・シャネルはこう言っています。

「どこにでも。あなたがキスされたいと思う場所につけなさい」

香水を愛用している女性は日本にも多いですが、もっと戦略的に、効果的に活用してみてはどうでしょう。

香水は私にとってなくてはならないもの。お化粧の仕上げに必ずつけますが、どの香水を選ぶかは日によって変わります。誰と会うか、どこに行くのか、その日の気分や洋服、そしてお天気も大きく影響します。昼はさっぱりした香水を、夜は濃厚な香りのものを。夏は花の香り、冬は甘い香りを。仕事に行くときは、人をうっとりと酔わせてしまうような香水は避けますし、デートには官能的な香りを選びます。香水は生活のさまざまな場面に密接に関連しているのです。

香水を選ぶときには、買う前に少なくとも一時間はつけてみましょう。同じ香水でも、つける人によって香りは変わってしまいます。香水はそれ自体の香りと、それをまとう人の匂いが複雑にからまって生まれる総合芸術。世界で唯一の香りが、こうして生まれるのです。個性ばかりか生き方さえも表現してしまうのが、香水といえるでしょう。

よい香水というのは、それをつけている自分自身を快適にさせるだけでなく、周囲の人の嗅覚を快く刺激します。だから香水は、自分のためというよりも、むしろあなたの周囲でその香りを嗅ぐ人たちのことを考えて選びます。

香水をつけたときにはよい香りがしても、当の本人にはすぐに匂わなくなるもの。もう香りが飛んでしまったんだわと思っていると、何時間もあとになっていきなり

「いい香りがするね！」と言われ、自分がまだ香っていることを知るのですから。

香水選びは感覚的で楽しい作業ですが、あくまでも自分で選ぶべきものです。香水を好きな人からプレゼントされるのはうれしいものだし、特別な意味を持ちますが、でもやっぱり、自分の香りは自分で選ぶのが基本。

さあ、始めましょう。お化粧をするみたいに、髪をセットするように、香水も少しずつ自分の日常生活の一部にしてしまいましょう。

オーストラリアの友人から聞いたショッキングな話をひとつ。オーストラリアでは女性教師はお化粧も香水も禁止されているとか。理由は、生徒（とくに男子生徒）の気が散るから。規則として明文化されているそうです。そんなことは個人の自由の問題だと私は思うのですが。

私がフランスで教わった歴史の先生に、とてもエレガントな人がいました。いつもきれいにお化粧して、香水のよい香りを漂わせ、宝石をいっぱい身につけて、それはもうじつに魅力的な人でしたが、彼女の生徒たちがそのせいで勉強に集中できなかったという話は聞いたことがありません。逆に生徒たちに大人気でした。フランスでは、まず何よりも女性であることが優先するのです。

★幸せのスタイル　8
自分の個性や魅力を香りでも表現する

2003年にシャンパーニュ騎士団に選ばれたときのもの。いつでも美しくイブニングドレスを着こなせる女性でいたいですね。

第二章　自立する

孤独は自由であることのサイン

自分が何ものからも自由である！　と思えることこそ、真に自立した人間だと言えるのではないでしょうか。誰にも依存せず、誰からも束縛されない人生はとてもすがすがしいものです。そして、そんな自由で自立した状態というのは、裏を返せば孤独であるということ。「え？」と思うかもしれませんが、自由に生きることは孤独と表裏一体、孤独は自由の報償として払うべきものなのです。それは、人を無視することやエゴイズムとはなんら関係ありません。自由のサインです。

多くの人は、この時代になっても孤独な生き方を知ろうとせず、どうやって一緒に生きるかということに一喜一憂しながら、また、どうして一緒に生きていけないのか悩んだり恐れたりしながら生きています。

また、「孤独」と聞くと、多くの人は愛の欠如だとか、人間関係をうまく築けないことを意味すると考えがちです。そして「孤立」の状態と混同もしがちです。

「彼女は気難しいからひとりぼっちなのよ」

「愛情を注げるものがないなんて、彼は孤独な人だ」

というように。孤独な女性は、気の毒に思われたり、恐れられたりもします。

私が言いたいのは、まったく違う次元のこと。孤独であるということは、夫婦生活や家族生活、集団生活の反対に位置しているわけではありません。ただし、依存とは正反対のところにあります。

誰かを頼りに生きる人生をちょっと想像してみてください。頼りにするということは、他人に期待すること、そしてときに失望を味わうということです。それはとても不自由で疲れる生き方だと思いませんか。自分の考えで行動するほうがずっと刺激的で、学べることが多いはず。自分の責任で自分を頼りにするほうが確実ですし、どれだけ自由ですがすがしいでしょう！　それが自立するということだと思うのです。

《いやな伴侶と一緒にいるよりは、ひとりでいたほうがいい》

ほとんどの人は、この言葉とは逆のことを考えているのではないでしょうか。《ひとりになるくらいなら、どんなことにも耐える》をモットーとして生きていませんか。

大切なのは、ひとりでも幸せで充足して生きられること。孤独でいながら幸せでいることです。孤独を満喫することを知る、それが人生で最も重要なことだと思います。フランスを代表する吟遊詩人、ジョルジュ・ムスタキは「ma solitude（マ　ソリチュード・私の孤独)」でこう歌っています。

「Je ne suis jamais seul avec ma solitude(孤独と一緒だから、私はひとりぼっちではない)」

もう愛し合ってはいないのに、ひとりになることや自分自身と向き合うことが怖くて別れられないとしたら、最低です。人生は短いんですよ! もう愛していない人や嫌いな人のそばで暮らしていたら、心はだんだんと壊れていきます。妥協したり、自分を欺いたりしても何も始まりません。

また、ひとりになることに向き合えない人が、彼(または彼女)を見つけたいと思っても、ほんとうに自分に合ったパートナーは得られないのではないでしょうか。ひとりでも幸せだからこそ、二人の幸せがどんなことなのかがわかってはじめて、自分に合う人がわかると思うのです。

♠幸せのスタイル 9

孤独は生涯で唯一無二のパートナーとして、うまくつきあう

同棲や結婚をしていても、独立性を保つ

最近、ひとりの日本人医師に出会いました。彼は自分の休みをメドゥサン　デュモンド（世界の医療団）でのボランティア活動に費やし、カンボジアなどの医療後進国へでかけています。最初の頃、そんな彼に対して奥さんはカンカンだったといいます。

「ただでさえ休みが少ないのに、その休みもボランティア活動に費やすなんて！」

彼は愛すべき二人の子どももいました。でも、この選択は彼にとってとても深いもの、よく生きるための人生の選択でもあるのです。個人としてお互いを尊重することは、夫婦が長もちする秘訣です。彼の子どもにとっても、父親が自分らしく、よりよく生きる姿を見ることはいいことだと思います。

友だちのナディーヌは、第一子を産んだあともモデルの仕事を続け、世界中を飛び回っています。ちなみに東京では、友だちのフランス人男性の家に泊めてもらったりすることもよくあります。それには、夫と信頼関係ができていることが大前提。彼女

の夫のベルトランは、彼女が精神的なバランスをうまくとるためには、モデルをやっていくことが必要だと理解しているのです。

また、三六歳のパスカルは彼と同棲していますが、彼は自分のアパートを別に確保していると言います。

「だって、いつまでこういう生活が続くかわからないって、二人とも思っているから。たとえ同じアパートで生活していたって、ひとりになれる場所は絶対に必要だわ」

夫婦生活をよりよくするために、または現状をよくするためには、自分のための時間を持つことが必要です。夫婦でも、父母になっても、パリジェンヌは個人として存在し続けます。個人としての幸せや役割をないがしろにして、カップルや家族の幸せが成り立つとは思いません。孤独な時間を持つこと、あるがままの自分を少しの時間でも取り戻すこと、自分自身のために何かをすることはとても重要です。

誰もが異なった趣味趣向を持っているのですから、それぞれの空間や好みを尊重することも大切。結婚していても、相手に、その人だけの時間を残してあげましょう。結婚後も独立性は守られるべきなのです。それぞれの友人に自分だけで会ったり、自分の趣味で旅行をしたり、子どもができても仕事をやめないとか、お互いの趣味嗜好を尊重するとか……。

家族で生活している場合も一緒。穏やかな生活を送るためには、孤独になれる場所を持つべきです。書斎でもいいし、倉庫でも、庭や日曜大工の作業場でも。「トイレだけが唯一自分になれる場所」という人も多いよう。でも、自分を取り戻す神聖な場所をそれだけ欲しているということなら、トイレなどではなく、狭くても自分だけの城となるスペースを持ちましょう。

それが無理だとしても、ひとりになれる空間と時間は作り出せます。カフェやバーはもちろん、お気に入りの散歩ルートなどでもいいのです。公園は子どもの遊び場だけとは限りません。フランスを旅行したことのある人ならご存じの通り。パリジェンヌなら誰もがお気に入りの公園を持っており、そこで気ままな時間を過ごすことを大切にしているのです。

モンテーニュは、「自分のためだけの、自由なスペースや部屋を取っておかないといけない。結婚して、子どもが何人かいる父親は、そこで自分のほんとうの自由と、隠居、そして孤独を確立するのだ」と言っています。

なぜなら「この世の中で最も偉大なことは、自分自身を知ることだから」と。

♠幸せのスタイル　10
ひとりで幸せになれる時間と空間を確保する

「エスプリ」を散歩で堪能する

孤独な時間、いわば自分自身とだけ向き合う時間は、創造や考察、夢想することを容易にします。それは精神の健康にとって大切だとつくづく思います。

それをはっきり自覚したのは数年前。私自身、仕事の忙しさで目が回りそうな時期がありました。しかも、恋人はしょっちゅう会いたがる……。ひとりになる時間がまったくなかったのです。いろんな人と会って活動的に過ごすのは大好きですが、それは孤独な時間があってはじめてバランスがとれるもの。孤独な時間を過ごす余裕もない生活を続けているうちに、抜き差しならない状況にまで追い込まれてしまいました。私はナーバスになり、いつも怒りっぽくなっていたのです。友人たちと食事をしていてもリラックスできずにイライラしたり、恋人に八つ当たりしたり……。もちろん仕事だってスムーズに進みません。

それで気づいたのです。一〇分でも孤独になって自分と向き合い、魂を休ませることが必要だと。それが「多摩川沿いを歩きながら、考えをまとめたい」という程度のことだとしても、そうした孤独な時間を大切にできる生き方に変えなければダメだと。

健康のためにも知的好奇心のためにも、散歩は欠かせない活動のひとつです。魂が解放され、瞑想にふけり、目に入ってくる光景に流されるまま、歩いていく。散歩愛好家は景観愛好家でもあります。決まった目的もなく、夢想から引き起こされるイメージをそのまま頭に残しておきます。夢を見ながら、同時に考えるのです。『孤独な散歩者の夢想』を書いたルソーは、ほんとうの散歩とは孤独な行為だといっています し、哲学家のエピクテートスは「ひとりで散歩に行きなさい、そして自分自身と対話をするのです」とアドバイスしています。

散歩をする場所も重要です。大都市は予測できない出合いがよくあって、同じ道を歩いていても発見が多いもの。私はパリを散歩するのが大好きで、とくに、ノートルダム寺院近くのセーヌ河岸はお気に入りルートのひとつ。行くたびに私は感嘆し、心からリラックスします。ひとりのときもあれば、恋人と一緒のときも、また妹と一緒に行くときもあります。

でも、魂を解き放つ理想の環境は自然の中を散歩することではないでしょうか。週末やヴァカンスに、パリジェンヌは自然たっぷりの田舎へでかけますが、そこではリラックスが第一の目的。そのために散歩は欠かせない心身のリフレッシュ法なのです。

東京はビルが乱立して猥雑な街という言い方をよくされますが、パリに比べて断然自然が多いと思います。大都市に住んでいても、自然を愛でることのできる環境があることはとても大切です。東京にいても、十分に四季の移り変わりを味わえます。上品でたおやかな桜の美しさ、紅葉を愛でることの悦び……。パリの紅葉は茶のイメージですが、日本では燃えるような赤色で染め上げられるドラマチックで劇的な美しさを堪能できます。

もちろん自分の庭である神楽坂を散歩するのも楽しみです。小径の多い神楽坂は車の入ってこられない路地などもあって、散歩にぴったりの街。どこの家でも見かけるような樹や植物、花をぼんやり眺めるのが好きな私にとって、人間の生活と共存している自然を目にしながら散歩することは、エネルギーを充塡させる秘訣なのです。

この「エスプリ」の孤独を一度経験した人なら、ひとりでも、カップルでも、大都市でも砂漠でも、生活できるようになるでしょう。もう孤立しているとは感じないはずです。

♠幸せのスタイル　11

散歩を楽しむ心と時間の余裕を持つ

ジョルジュ・ムスタキと東京で。渋くてチャーミングな詩人です。

「おひとりさま」を生きるコツ

ひとりで生きていても、ひとりぼっちだと感じることはありません。なぜなら、どの瞬間も、可能性にあふれている生き方なのですから。自由と自立のあらゆる可能性を実践できるということは、とても大切な人生の要素です。

孤独でいることは、思いがけない、信じられないような素晴らしい事態をいつでも受け入れられる態勢にあるということ。いつでも新たに何かを始められるという爽やかな緊張感の中にいるということ。そういう完全に自由な状態に自分を置くということなのです。

私はこういう状態でいることを望んで、ひとりでいることを選んでいます。だって一時間後に何が起こるかわからないでしょう? どんなすてきな出会いがあるかもわかりません。でも、家族やパートナーとベッタリで過ごしているとそういうわけにはいきません。自分がどこで何をしているかは、いつだって相手に知らせなければいけない。帰宅時間を知らせたり、旅行の相談だって必要です。でも、ひとりだと何をしても自由。予期せぬ未来をわくわくしながら待つことも、暮らしを楽しむ術なのです。私にとって、人生の素晴らしさとは、思いがけないできごとや出会い、発見といった「始まりの新鮮さ」を味わえること。自分が完全に拘束されていないことで、いろんなことが可能になるそのとき、孤独は独特で予期せぬ味わいをもたらすのです。

ひとり旅をしたことのある人ならわかるでしょう。はじめての土地、見知らぬ人たちの中に飛び込むときの緊張とワクワク感。そして肩書きを取り払った何者でもない自分を感じる開放感。ときには旅先でトラブルに遭遇して、しんどい思いをすることがあるかもしれません。さみしがりやの自分をもてあますことや、思いのほか行動力のある自分を発見することも……。

孤独と向き合うことは、そんなイメージに似ているかもしれません。イヤな面も含めて自分を再発見する時間なのです。ある程度は訓練が必要です。でも、まずは自分を信じることから始めましょう。つらくても、孤独から目をそらさずにいれば、精神がタフになります。

人と比べて落ち込んだり、理由もなくあせったり、そうした意味のない感情も少なくなるはず。丸ごとの自分を受け入れ、愛せるようになると、他人とのつきあいもずっとラクで楽しいものになるでしょう。

そう、バレエでいえば群舞の一員ではなくソリストであれということ。誰と暮らしていようが、どこに所属していようが、ソロであることが生きる基本なのです。

♠幸せのスタイル 12
新しいチャレンジに、彼や家族の許可はいらない

「おひとりさま」――パリジェンヌスタイル

自由でいられる暮らしの実践。頭で考えているだけでなく、実行に移しましょう。精神的な自立を手に入れたら、自活をしていくことも次のステップのひとつ。ひとり暮らしを始めるパリジェンヌはどんどん増えています。もちろん仕方なく始めたひとり暮らしではありません。大好きな恋人がいようが、積極的にひとりで生きる道を選択した結果のひとり暮らしです。パリジェンヌの多くは自分だけを頼りにひとりで生きているのです。

パリジェンヌはなぜひとりで暮らすことを好むようになったのでしょう。

答えはいろいろです。家の中を思い通りにできるから、いつでも買い物にでかけられるから、そして、冷蔵庫に何があったか心配しながら働かなくてもいいから……。

「何もないならしょうがないじゃない！」

と彼女たちは外食に出かけます。そう、二一世紀の女性たちは、この自由気ままさを謳歌しているのです。

この現象は北ヨーロッパのスカンジナビアの国から始まったといえるでしょう。社会保障の制度が発達しているので、女性たちは「結婚しなければ子どもを持てない」とか「夫の年金がなければ老後を暮らせない」などという縛りがありません。この現象は次第にラテンの国々へと広がっていきました。イタリアやスペインなどはいまだに家族主義ではありますが、結婚制度は変わってきています。そしてフランスはその中間。カップル主義は「個人」に次ぐ二番目の位置となりました。みんな、まずは自分の人生を優先したいと思っているのです。

今はこう考えます。

「充実した時間を持ち、自分自身でありながら、どうやったら一緒に生きていけるのか」

と。この順番がパリジェンヌのプライオリティなのです。

私はもちろんひとり暮らしの実践者。私の場合、「どうやったら一緒に生きていけるのか」ということは考えにありません。結婚も同棲も否定しませんが、私はひとりであることにとても満足しているのです。日本では、結婚していない女性のことを「負け犬」と表現すると聞いて、呆れるやら悲しいやら……。人間は究極的にはひとりです。生まれるときも死ぬときもひとり。ひとりであることの自由と孤独、これが人生のベースです。それを満喫できるかどうかが、結婚しているかどうかよりも、よっぽど大切なことだと思うのです。

ひとりで生きる女性はもはや現代を象徴する社会現象であり、市場においても、その存在は重要なものになりつつあります。ひとり旅の企画など、市場は彼女たちの新しいニーズに応えた商品を作り出すようになりました。フランスの雑誌でも、そうした特集がよく組まれています。ともあれ、「おひとりさま」は東京やパリといった都会に住む女性たちのスタイルとして定着しつつあるようです。

フランスでは、男女を問わず、独身者の三分の二は誰かと一緒に暮らし、残りは誰とも同居することなく、ひとりで生活しています。彼らは誰かと暮らす生活と、完全にひとりで暮らす生活との間で揺れ動いています。そして、この二つの生活様式はまったく相反するものではありません。いつでもどちらかの生活に移行できるのです。

ひとりで生きることは若さを延ばす効果もあります。だって型通りの人生プランなどは関係なく、未来をいつまでも夢見ることができるのだから。「おひとりさま」は、とても魅力的でいまの女性に合った生き方です。

でも、もし子どもがほしくなったら？　女性が気をつけなければいけないのは肉体的なリミットがあるということでしょう。自由とパートナー、そして家族、これらすべてを同時に手に入れたいと思うかもしれません。

でも、こう考えてみましょう。それが同じ時期じゃなくてもいいかもしれない、と。

ひとりの人生、カップルの人生、家族の人生、この順番通りになぞって家族として完結するのではなく、ひとり、カップル、ひとり、家族、カップル……というように連続して広がっていけるのです。そう考えれば、いくつもの人生を生きることができます。そして、それはたったひとりであることから生まれます。

「おひとりさま」はモードのようなものかもしれません。一過性にすぎない可能性もあるけれど、確信を持って選ばれ、受け入れられるようになりました。こうした生き方は、非常におもしろく、とくに女性にとっては多様な選択肢が広がっていきます。

ただ、つねに未確定な中で生きるという代償もあります。自分の望む生き方やスタイルがよくわからないまま「おひとりさま」になることはやめましょう。あくまでも、自分で選び取ることが大切。自由で自立した人生であるなら、独身者であろうと、家族と共にいようとたいした違いはないのですから。

♠幸せのスタイル 13

《独身→結婚→家族》の順番をなぞるだけが人生ではない

孤独の楽しみ方は屋台で見つかる

孤独を「さみしい」というイメージだけでとらえるのはもうおしまい！　孤独を恐れるのではなく、味方にしてしまいましょう。それには孤独を楽しむ術を知ること。孤独が作り出す自由で豊かな時間を堪能することです。そうすればひとり暮らしをしても、ひとりだと感じることはありません。あらゆる可能性が生まれるのです。

ひとりでいること、ひとりで幸せに暮らすことができれば、他の人から意地悪されたって関係ありません。ひとり暮らしは自由のシンボルなのです。

どうやってひとりで過ごすかは、誰も教えてくれませんし、正解もありません。結局のところ、自分をほんとうに理解できるのは自分自身なのですから、自分で考えるよりほかないのです。人生を共に生きる最高の伴侶は、自分自身。だからこそ、自分を知ることが大切なのです。

ひとりの時間はひまつぶし時間ではなく、自分を愛する時間と考えましょう。私の場合、展覧会や講演会など興味のある催しには、時間をやりくりして行くようにしています。ひとりでもパーティに行きますし（というより、あえてひとりで行くことが多いのです。そう、思いがけない出会いに自由でいるため！）、ひとりで飲みにでかけるのも好きです。なんの予定もないときは、待ちに待ったリラックス時間。お香を焚いて、ベッドに好きな本を持ち込みます。

ストレスフルな仕事を抱えているなら、頭をリフレッシュするために目的を持たない散歩をしたり、アロマキャンドルを灯してお風呂にゆっくり浸かったりすることもおすすめ。フワフワと夢物語のような空想をして幸せな気分を取り戻すのです。孤独の時間を恐れて意味のない予定をスケジュールに詰め込むよりも、充足した時間が生まれるはず。

そう、孤独はあなたの生涯においていちばんの友だちなのです。

日本は集団や和を大切にする一方で、じつは孤独を楽しむことを容易にできる国だと思います。フランスではカップルで行動するので、ひとりでレストランに行くことはほとんどありません。ひとり暮らしや「孤独」を満喫しているパリジェンヌも、ひとりでレストランに行くとなったら、まるで罰ゲームのような居心地の悪さを感じてしまうでしょう。

日本で暮らすようになって、私は寿司屋のカウンターで板前さんとおしゃべりをしながらひとりで食事をする楽しみを知りました。屋台やカウンターだけの小料理屋などもそう、ひとりでも気軽に腰かけて会話と食事を楽しめる文化があるのです。

家族や恋人、友人たちと会えなくて人恋しくなったら、屋台をのぞいてみるのもおすすめです。

♠幸せのスタイル 14
ひとり時間を満喫できれば、意味もなくあせらない

自由の醍醐味と厳しさを「ひとり暮らし」でレッスン

フランスでは、大学に入ると部屋を借りてひとり暮らしを始める傾向にあります。自宅から通える距離の大学でも、別に部屋を探します。アパルトマンの屋根裏部屋というのは、chambre de bonne（シャンブル　ドゥ　ボンヌ）といって、昔は召使が暮らした部屋。エレベーターもなく、狭くて不便ですが、家賃が安いので学生向き。私も学生時代に暮らしました。

ヨーロッパの中でも、フランスは学生のひとり暮らしの傾向が強いようです。イギリスではルームメイトやフラットメイトといったシステムが発達しています。ドイツではstudentenwohnheim（シュトゥデンテンボーヌハイム）という共同生活のシステムが一般的。私もソルボンヌ時代にドイツに半年留学した際、これのお世話になりました。各自それぞれ独立した寝室があるのですが、キッチンやバスルームなどは共同で、掃除などの仕事も割り当てられます。気の置けない学生たちとの生活はたしかに楽しいけれど、やはり屋根裏部屋でのひとり暮らしとは違います。

自分だけのスペースを持てるなんて、なんて幸せなことでしょう！　小さくたって自分の部屋。自立の砦、自分の城です。そこでは何をするのも自由。誰にも気兼ねをせず、自分の好きなリズムで生活できます。私の屋根裏部屋はセーヌに浮かぶ小島、シテ島にありました。当時から自立精神旺盛だった私は、一七歳でバカロレア（中等教育終了時の国家試験で、合格すれば大学の入学資格が得られる）に合格してから、自分で部屋を決め、早々と自分流の生活を始めたのです。

しかもその屋根裏部屋は、特別に恵まれていました。部屋は狭かったけれど、屋根裏部屋にありがちな小窓でなく、本物の大きな窓があって、そこからはノートルダム寺院が見えたのです。塔にはいつも数十人の観光客の姿がありました。毎日何度も鐘の音を聞いたものです。それ以来、ノートルダムは私のシンボルになりました。パリのシンボルであると同時に、美のシンボルでもあり、そして私の自立のシンボルでもあるのがノートルダム寺院なのです。

自分の場所、自分の住所を持つということの素晴らしさ！　しかもその住所たるや、これ以上ないくらい美しいものでした。Quai aux Fleurs（花の河岸）。ね、すてきな住所でしょ？

たとえどんなに小さくても、自分の部屋にひとりで住むことの快適さは何にも代えがたいものです。まるで自分の体がどんどん軽くなって、とうとう体重もなくなってしまい、宙を舞い踊るかのような喜び。家族や他人と妥協しながら暮らす生活から解放され、自分の宇宙に浮遊できる喜び。だから七階の自分の部屋まで階段を上っていくことさえ、楽しかったものです。ただ、さすがに、忘れ物を取りに戻るときだけは気が重くなりましたが。

もちろん、楽しいことばかりではありません。大変なこともあります。たとえば病気をしたときや、悲しいときなんかは、ほんとうにつらい。でも負けないで、孤独を尊重しましょう。誰にも簡単にできることだとは思わないけれど、一度きりの人生の大切な経験となるはずです。

ひとり暮らしは、自分を知るいちばんよい方法ですし、困難を自分ひとりの力で切り抜ける術を学ぶことでもあります。ひとり暮らしをしていると、判断能力、直観力、批判的精神が高まりますから、マインド・コントロールやセクトの勧誘などには簡単に乗りません。いろいろな事柄に対して自分の意見を持つように訓練するので、その結果、強くなることができるのです。

フランスの学生はひとりで生活することに喜びと誇りを持っています。自分の力で行動すること、その経験を経て大人になっていくことが大切だと、つくづく思うのです。

ただし、犠牲が伴うこともあります。学生時代に自活しようと思ったら、犠牲になりがちなのが快適さ。気持ちのいい大きなソファに寝ころんだり、広いバスルームにゆったり浸かったりすることをあきらめないといけません。心地いいことが大好きなフランス人にとって、そして「我慢」という単語をもたないフランス人にとって、それはかなりつらいことなのです。

それに、自由であるということは、すべてが自分の選択に委ねられているということです。それをつらく思うことはあるでしょう。でもつねに他の人の目を意識して暮らすことに比べたら、快適で充実した暮らしであることには違いありません。

私は何事も始めたらとことんまで追求しなければ気の済まない性格。あきらめの悪い性格と言い換えられるかもしれません。だからとっても大変。でも成し遂げたときの達成感は最高です。

「やった！　成功した！」と自分に言い聞かせるときの幸せ！　このようにして、自由と自立に対する自信はさらに深まってゆくのです。誰かの助けではなく、まず自分の力で行動しましょう。

♠幸せのスタイル 15
ひとり暮らしの実践で、自信と強さを身につける

フランス流倹約精神で創造力を磨く

来日した一九九一年当初、日本の物価の高さには驚きました。家賃、交通費、被服費、食費などの日常生活にかかるお金だけでなく、ちょっと遊びに出かけたり、短い休日を楽しもうとするだけで、なんと高くつくことか。

今でも物価の高さには閉口しますが、バブルがはじけてからは、日本でもその価値にふさわしい値段で物を買えるようになったようです。一〇〇円ショップやリサイクルショップなどがどんどんできて、買い物の仕方にも選択肢が増えました。ここにきて、ようやく日本人は賢く買い物ができる環境を手に入れたように思います。なんでもすぐ買うのではなく、最小限のお金で（もしくはお金を使わずに）工夫することの楽しさを知ったのではないでしょうか。

お金さえあれば実現してしまうスタイルには、なんの創造性もありません。いくら豪華でも、工夫や味わいのないものにはリスペクトしないのがパリジェンヌ。お金がないからといって、何もできないわけではなく、実際はその逆です。何事もあなたの工夫次第。お金を使わずに何ができるかをまず考えるのがフランス人と言ってもいいかもしれません。

フランスには「システムD」という言葉があります。このDはdébrouille（デブルイユ・なんとかする）という単語の頭文字で、

「これはシステムDでやるしかないね」

というように使います。

とてもおしゃれに装っているパリジェンヌが、実際洋服にかけている予算はびっくりするぐらい少ない、ということはめずらしくありません。たとえ懐具合が寒くても、パリジェンヌはそんなそぶりは見せないし、それどころかますます品よく見えるもの。逆に、モード一辺倒でコーディネートするほうがなんだかカッコ悪く感じてしまうほどです。外見からはどうやりくりしているかをうかがい知ることはほとんど不可能。これぞ「システムD」です。

友人のパトリシアは、パーティではいつもハッとするほどすてきなメイクアップで登場します。その秘密はデパートの化粧品売り場。「だってタダでモードのメイクをしてくれるんだもの。使わない手はないでしょ」。これもパリジェンヌらしい、ちょっとちゃっかりしたシステムD。

通貨がユーロに切り替わった頃から、パリの生活は高くつくようになりました。そ

れで、最近はレストランへ行く回数を減らす代わりに、ホームパーティやピクニックをして楽しんでいるパリジェンヌが増えています。高いお金は払いたくないけれど、友人たちとの語らいや新しい出会いの機会は減らしたくない。じゃあ「おうちで集まりましょう」というわけです。これも「システムD」と言えるでしょう。「節約のために我慢しましょう」という発想はありません。節約しながら楽しめることを探す、これがパリジェンヌ流なのです。

少ない予算でパリジェンヌがヴァカンスを過ごす方法に、家の échange（エシャンジュ・交換）があります。田舎に家を持っている人と、バカンス期間住まいを交換するのです。この交換ワザ、フランス人はけっこう利用しています。外国語を覚えたかったら、「フランス語と日本語を échanger（教え合い）しましょう」というように。

学生ならば奨学金のシステムこそ、最初に検討すべきでしょう。私が日本に来たのも、フランス政府の奨学金をもらうことができたからです。奨学金をもらう条件はただひとつ。日本企業で研修し、レポートをフランス政府に提出するというもの。その前にも半年間、奨学金をもらってドイツで生活した経験があります。

自分のお金を使わずに、利用できるものはないかどうか情報収集をしてみましょう。政府や基金など、奨学金を出している機関や団体は探せばいろいろあるものです。学生のフットワークが悪いというより、これは宣伝不足という問題もあるようです。日本人を対象にしたフランス政府の奨学金システムもあるのをご存じですか？
さあ、お金をどう使うべきか、今までのやり方を見直してみては？

♠幸せのスタイル 16
まずお金を使わずに何ができるかを考える

パリジェンヌスタイルは少ない予算でぜいたくな暮らし

日本でもリサイクルはだんだん身近になってきました。パリでは蚤の市が古くからおなじみです。クリニャンクールなど常設の蚤の市以外にも、週末にはさまざまな市が立ちます。パリジェンヌは古い物や歴史のある物に敬意を払うので、掘り出しものを探して、インテリアや服のコーディネートにうまくミックスさせることに喜びを感じるのです。

日本では骨董市がそれに当たります。私もガイジンの例に漏れず、日曜日に東郷神社の骨董市に出かけては、家具や小物、着物などを格安で買ったものです。とくにきれいな色の生地は、他のものに仕立て直すこともできるし、壁掛けやクッションカバーのアレンジなど、インテリア小物にもなるので、すてきなものを見つけたときは興奮してしまいます。

パリジェンヌは自分の洋服をよくリサイクルショップに持ち込みますし、ついでにそこでショッピングもします。リサイクルショップや蚤の市を上手に使えば、大金をかけなくてもワードローブの中身を変えてしまえます。

　フランス人はお金をあまりかけないショッピングが得意です。値段が高ければいいものだという考えはなく、自分の感性に合うことがいちばん大事。だから、安ければそのほうがいいじゃない！　というぐあい。もう着なくなった洋服を、友だちと交換するということもします。少ない予算でぜいたくな暮らし。これが多くのパリジェンヌが実践しているスタイルです。

　無駄なことにお金を使うのが大嫌いなので、買い物するときはよくよく吟味するのもパリジェンヌ。自分に似合うものをよくわかっているので、流行だからといって飛びつくこともしませんが、それでも試着には時間をかけます。

　自分に似合うかどうかにとことんこだわると、ショップを何軒もはしごして試着することになります。今では私も自分に合うものは直感的にピンとくるほどになりましたが、学生時代はよく「試着だけの日」を設けて、自分に似合う色、ぴったりくる形を求めてお店をはしごしたものです。

「どうして日本の女性は洋服を買うときに試着しないの？」

　と、パリのあちこちのブティックの店員から何度も同じ質問をされます。

「さあ、時間がないんじゃないの？　それとも恥ずかしいのかしら」

　と答えましたけれど。やっぱり試着はしてみないといけません。ハンガーにかかったままの服では、ほんとうに似合うかどうかはわかりません。もしかすると太って見えるかもしれないし、あなたらしく見えないかもしれない。その服の個性と自分がマッチするかどうかは、やはり確かめてから買いましょう。
私は必ず試着します。だって、着ている間は夢を見られるから。買わないにしても、そのときは幸せな気分でいられるのだから。

♠幸せのスタイル 17
アンティークを利用して、お金を使わずコーディネートを楽しむ

コンビニより商店街の買い物で、会話と生活を楽しむ

最近気になるのは日本社会のカード事情。日本の社会はどんどんアメリカ化しつつあるように感じます。消費者金融の増加もしかり。視聴率の高い時間帯にテレビCMで盛んに宣伝しているのを見るにつけ、暗い気分になります。現金が手元になくても、カードさえあれば、なんでも好きなものがすぐに手に入ってしまう危険性を若い人たちはほんとうに理解しているのでしょうか。あれだけ高金利のローンはフランスでは考えられません。そのことだけでも、日本のカード社会の異常さを感じてほしいと思います。

そろそろ無駄遣いをやめてみましょう。買い物にかける情熱を、少しずつでもほかのものに置き換えてみるのです。今使っているものを捨てて、どうしても新しいものに買い換えなければいけない理由は？

ショッピングを楽しむのもいいのですが、ほんとうにそれが必要だから買うのかを考えてみましょう。新しいものを手に入れてもすぐにまた、他のものが買いたくなり

はしないでしょうか。そろそろ物質的なものだけではなく、精神的なものにも目を向けてもよい時期にきていると思うのです。

東京は消費の誘惑に満ちあふれています。パリと違って、どんな場所でも、どんな時間帯でも買い物ができる便利さ！ たとえ店が近くになくても、自動販売機は必ずあるから、タバコでもビールでも買えます。パリで深夜でも使える自動販売機といえばコンドームの販売機だけ。

パリにいて東京気分が抜けずに失敗したことは何度もあります。夜遅くなった仕事や遊びからの帰りがけ、「牛乳を切らしていたわ」と気づいても、もう手遅れ。だからといって、パリが東京のように二四時間営業のコンビニエンスストアがいたるところにあったらとは思いません。便利になればなるほど、システマティックであるほど、どこか人間らしさがなくなってしまう気がするから。

たとえばフランスでは、週末に市が立ちますが、なかでも私の家のそばで開かれる市はパリでもにぎやかなもののひとつ。お店の人とのやりとりを楽しみながらの買い物は、パリジェンヌのストレスフルな日々のなかでもホッとするひとときなのです。料理のコツを教えてもらったり、傷んだくだものをおまけしてもらったりすることも（ジュースにするなら問題なし）。もし、曜日に関係なく開いているコンビニエンスストアが普及したら（そんなことはないでしょうが）、きっと楽しい週末の市もすたれてしまうでしょう。

そして、もし自動販売機でジュースやお酒をどこでも買えるようになったら、カフェやバールもまた、すたれてしまうかもしれません。でも、パリジェンヌが愛しているのは、一杯のカフェやビールを飲むそのひととき、そこでの語らいなのです。東京での暮らしになじんでいる私は、たまにフランスのやり方にイライラさせられたり、不便に感じたりすることもあります。でも、この不便さもまた人間らしい生活の証。そうでなければ、パリは冷たい街になってしまうでしょう。

生活の質（クオリティオブライフ）と、生活レベルはまったく別のもの。お金がたくさんあって、いくら便利な暮らしをしていても、質の悪い生活をしている人はたくさんいます。大切なのは、自分らしくイキイキと暮らせているかどうかであって、生活レベルを上げたり、レベルを保つために生きているわけではないのですから。

♠幸せのスタイル 18

お金に代えられない「クオリティオブライフ」をたくさん見つける

シアンスポ（パリ政治学院）の講堂で。シアンスポで世界のさまざまな問題について思考を深めました。

第三章　男と女

「おいくつですか」で人は計れない

日本に来て驚いた（そして憤慨した）ことに、「おいくつですか」という質問があります。フランスではそんな質問は失礼なだけでなく、意味もないこと。日本人が人を把握するときに年齢が重要な要素になるのだと気づいたのは、来日して何年もたってからでした。何歳であればこう、何歳ならこうすべき、といったような暗黙の規範があるのでしょう。年齢に関係なく、自由でフレキシブルな生き方を標榜している私には理解しがたい習慣です。

だからなのか、とくに日本人は年齢を気にしすぎだと感じます。

「どうせ、おばさんだから」

「三五にもなって恥ずかしいんだけどね」

そんなフレーズを耳にするたびに、どうしてそんなことを口にするんだろうと不思議な気持ちになります。まるで誰かに言い訳しているみたい。フランスの女性にそんな言い回しをする人はひとりもいません。

年齢を気にするのと同様に、日本の女性は「結婚」が人生のターニングポイントだと固く信じているようにも見えます。そう言うと、そんなことはない、女性もずいぶん変わったと反論されるかもしれません。でも、ほんとうにそうでしょうか。

「結婚したら転勤できないから、総合職でなく一般職で働いています」「留学は独身時代にしかできないから思い切りました」「子どもは欲しいから、三五歳までには結婚したいな」

こうしたことをなんの疑問もなく口にして、耳にしていると思うのです。経済的にも自立して、好奇心旺盛にいろんなことにチャレンジしている日本人女性が、こと結婚に対しては、「すべきもの」だと固く信じているようです。日本の政治家たちの発言にもあるように、結婚しない女性や子どもを産まない女性は間違っていて、いつかしっぺ返しがきて当然だと感じているのではないでしょうか。

「どうして結婚している女性はキャリアを目指せないの？」「なぜ、結婚したら留学できないの？」「子どもを産むために結婚しなくてはいけないの？」

きっと、フランスの女性はこうたずねるでしょう。

そして、

「そこまでしてどうして結婚したいの？」と。

本人が必要性を感じていなくても、両親や親戚、そして社会から結婚へのプレッシャーをかけられます。三五歳を目前とした女性があせって結婚に走ろうとする姿を、私は日本で何度も目にしてきました。

「なんだかいてもたってもいられない感じなの」

と三〇を少し過ぎた友人が真剣な顔で見合いをすべきかどうか話すのを聞いて、申し訳ないと思いながらも、滑稽でちょっとせつない思いがしたことがあります。日本人女性は、結婚だけでなく、結婚適齢期（年齢）の呪縛をも課せられているようです。

そろそろ、年齢の呪縛から解き放たれましょう。いくつになっても新しいことは始められるし、それを恥じたり、言い訳を用意する必要などないのですから。

♥幸せのスタイル 19
年齢で自分の選択を狭めない

川の字で寝ると男と女のハーモニーは保てない

フランスでは、結婚率が七〇年代から下降を続けている一方、同棲（最近ではPACS・連帯市民協約法）は増加し続け、ついに非婚カップルから誕生する子どもは六〇パーセント近くに達しています。生まれた子どもの権利は、嫡出子だろうと婚外子だろうと平等です（二〇〇六年に完全に平等になりました）。すでに、「結婚しなければ出産できない」といったことはナンセンスなのです。

愛によって結ばれた関係こそが、人生におけるエレメントのひとつ。もちろん、フランスでもその先に結婚という選択をするカップルもいます。とくに子どもができた場合、たしかに結婚していたほうが法的・税的なメリットはありますし、周囲も望むことが多いでしょう。でも、あくまでも結婚の最大の動機は「愛」です。結婚適齢期でも経済的メリットでもないのです。結婚生活の中心は、あくまでも二人の愛。だからこそ、こんなにも離婚が多いのでしょうが。

結婚は日本のメディアが言うような人生の目標ではありません。なぜ、メディアでは結婚を決めた有名人の記事に「成し遂げた！」といったような大げさなフレーズが出てくるのでしょう（ちなみにフランスでは結婚したことが記事になるということはほとんどありません）。テレビでは有名タレントが誇らしげに婚約指輪を見せびらかし、豪華な結婚式を挙げる模様を放映しています。

そして、レポーターが女性タレントに必ず聞くのが、

「得意料理はなんですか」

という質問。いつまで、こうしたばかげた応酬を繰り返すのでしょう。そして、翌日からずっと夫のために料理する生活が始まるのです。

カップルの幸せな生活とはそういうものではないはずです。男が稼ぎ、女が家庭を守るという図式は時代遅れも甚だしいこと。夫のために料理を作ることが幸せのイメージだとしたら、ずいぶん貧困なイメージだと思いませんか。二人の暮らしは互いのハーモニーによって生まれるもの。他人や社会が決めた役割分担のために、個性を犠牲にするのは本末転倒ではないでしょうか。

ちなみに、フランスでは結婚するときに「contrat de mariage（コントラ　ドゥ　マリアージュ）」という契約を交わします。結婚する二人が、お互いの家財道具を含めた財産について申告し、その所有について明文化するのです。結婚しても、個人の財産は守られるべきですし、また、こうした契約書を交わすことが、結婚生活について

話し合い、守るべきルールについて確認できる機会にもなります。ひいては、自分らしく生きるスタイルをくずさずに家庭生活を続けられることにもつながるでしょう。
あくまでも生活の基本はカップルにあるはず。子どもを真ん中にして川の字で寝るという日本の習慣は、フランス人にはちょっと理解しがたいことです。どんなに狭いアパルトマンでも子ども部屋と夫婦の寝室は別。子どもの自立心を育てるためにも必要なことであるという了解があります。カップルの存在意義は愛し合うことなのですから、子どもと一緒の寝室で男女の正常な関係が保たれるとはとうてい思えません。

♥幸せのスタイル　20
円満な結婚生活の秘訣は、家事の分担より、夫婦二人の寝室を確保すること

子育て中も「オンナ時間」を大切にする

フランスで婚姻率は低下しても出生率は上がっていることは、先ほど述べました。それは、結婚制度にとらわれずに子どもを産む女性が増えたことに加え、その背景には安心して出産できる社会制度が整っていることにあります。出産後の育児休暇は最高で三年間認められていますし、復職後のポジションが保証されています。

保育園も充実していますし、ベビーシッター制度もよく利用されています。リセ（高校生）の学生に子どもの送り迎えを頼んだり、夫婦でレストランに行くときに面倒を見てもらうなど利用するのは働く親だけではありません。

フランス人女性は、子育て中でも夫婦の時間や個人の時間を大切にします。それは子育てをないがしろにするという意味ではありません。実際、週三五時間労働が法律で決められていることもあって、家庭で過ごす時間はグッと増え、子育てに積極的に参加する男性が増えています。子どもが小さいうちはパートタイムを選んで、子どもにかける時間を多くとる女性もいます。

でも、それと個人の時間を大切にすることとはまったく別のこと。パリジェンヌはベビーシッターなどの制度をうまく使いながら、ひとりの女性としての時間を捻出し、リフレッシュするのです。ベビーシッターだけでなく、femme de ménage（ファム　ドゥ　メナージュ）と呼ばれる家事のお手伝いさんを頼むこともよくあります。

パリジェンヌは映画やコンサート、新しいレストランなど文化的な刺激を受けるのが好きですし、パーティに出かけるのも大好き。子育て中だからという理由で欠席する人はほとんどいないでしょう。夜は大人の時間。だから、せっかくの夜遊びに子連れでレストランに行くことはないし、ホームパーティも大人だけで楽しみます。母親であっても、ひとりの女性として仕事も続けて、おしゃれも遊びも楽しむのが当たり前なのです。だからこそパリジェンヌは、年を重ねても、子育て中でも関係なく、自分らしくいられるのでしょう。

日本では「子どもを他人に預けて夜遊びなんて信じられない」という考え方がいまだに主流のようです。何も毎日遊ぶというわけではないのに。それもおじいさんやおばあさん世代だけではなく、子育て中の夫婦までもそう考える傾向にあるというから驚きです。

ベビーシッターを頼めるところが少ない、またはあっても費用が高いというハード面だけが問題なのではなく、「子どもの面倒を他人にまかせて遊ぶなんて」という意識を変えることこそ必要なのではないでしょうか。

♥幸せのスタイル 21
子育て中でも最低一ヵ月に一回は夜遊びをする

お弁当作りを母親の義務にしない

東京で知人たちとディナーをしていたときのこと。ひとりが憂鬱そうにこうつぶやきました。

「ああ、明日もお弁当作りで五時起きだわ」

なんてショッキングな現実でしょう。ショックを受けている私の周りは、みんなが「大変よねえ」などと同情の言葉をかけてこそいるものの、ヘンだとは思っていないようです。

フランスでは、給食室が備えられていて、昼休みになると子どもたちはそこで食べるか、もしくは家に帰って昼食を食べます。お弁当を作るために、毎朝五時に起きなければいけないなんて！　いまどき、あまりにも非現実的ではないでしょうか。

こういう声が聞こえてきそうですね。「お弁当は親の愛情のシンボルなのだから」と。たしかに、そうかもしれません。日本の書店には、お弁当のレシピが何冊も売っていますし、色とりどりのお弁当を眺めていると、とても幸せな気持ちになります。

コンビニなど、どこでもお弁当が手軽に買えるこの時代に、手作りのお弁当はとてもいいものです。

でも、男性も同じように作っているでしょうか。私にはこれは「男性が考えたシステム」としか思えないのです。女性は家にいて当たり前、子どもの世話を一から一〇までみて当たり前、と思い込んでいる男性が決めたのではないか、とにらんでいます。

そもそも、愛情のシンボルはお弁当だけではないはずです。もちろん、手作りの愛情弁当はすてきだと思いますが、それが義務になるのはおかしなこと。親にもそれぞれ事情があるのですから、選択肢があって選べるようにするのが当然です。

大切なのはチョイスがあるということ。多様性を認め、その人に合った選択ができるようにしていくことが必要ではないでしょうか。

家庭生活において、とくに子育てに関する諸問題は、その多くを女性がひとりで負っているような印象を受けます。もちろん、私の周りには保育園の送り迎えを積極的にしている男性や料理が大好きな男性もいます。でも、お弁当作りのように、暗黙のうちに女性が引き受けてしまっていることはまだまだ多いのではないでしょうか。

こうした状況を、パリジェンヌなら自分が結婚生活の奴隷になっていると感じるでしょう。そうしたら、彼女たちの選択は二通り。夫や周りと交渉して断固として主義を貫くか、結婚生活そのものを見直します。

♥幸せのスタイル 22
家事や子育てで、自分を犠牲にしない

妹のミレイと乾杯！　ミレイには３人の子どもがいますが、ひとりで日本に遊びにきました。岐阜県への旅です。

愛を伝える言葉を工夫して、恋愛上手になる

フランスではパートナーのファーストネームをそのまま呼んだりしません。呼びかけるときには、特別な言葉を使うのです。

「mon chéri（モン　シェリ）」「mon amour（モナムール）」はいとしい人、ねえあなた、という感じ。ほかには、「mon canard（モン　カナール・私の鴨ちゃん）」「ma puce（マ　ピュス・私のノミちゃん、おチビちゃん）」「mon lapin（モン　ラパン・私のうさぎちゃん）」などなど。もちろん鴨やノミやうさぎを呼んでいるのではなく、すべて愛するパートナーに対する呼びかけです。もしパートナーをファーストネームで呼び始めたら、それは危険信号。関係があやしくなりかけている証拠です。

日本に来てとても驚いたのが、夫婦がお互いを「お母さん」「お父さん」などと呼ぶこと。子どもにとっては父であり母であっても、パートナー同士がそういう関係にあるわけではないのに。そんな呼び方を始めた時点で、カップルとしての生活を捨てているとしか考えられません。パートナーから「お母さん」と呼びかけられている女

性を見るたびに、私はこう言いたくなります。

「彼女はあなたのお母さんじゃないでしょ！」

お互いにほめ合うことの喜びを知っているフランス人は言葉を大事にします。

たとえば、ちょっとした相手の特徴を「すてきなものを見つけた」というようにやさしく相手に伝えるのです。「目の横のほくろがなんてかわいらしいんだ」「首が長くてセクシーだね」「おでこの丸みがキュート」……などなど。これは、恋人の関係でなくても口にします。

だから、愛している相手に対しては、なおさらです。恋人から「きれいだよ」「その髪型はとっても似合うね」というように、ほめ言葉をシャワーのように浴びるのは、花が水をかけてもらうことと同じ。女性がいつでも美しくいるための必需品なのです。もし、髪型を変えてデートして、相手の男性が何もそのことに触れなかったら大変！　それで振られてもフランス人からは同情されないでしょう。愛する女性につねにやさしい言葉をかけるのは当然の行為なのです。もちろん「Je t'aime（ジュテーム・愛してるよ）」と言うのだって当たり前。

ところが、まったくそれをしない人種が近くにいました。そう、日本男児です。

以前、日本人のボーイフレンドにそのことで文句を言ったことがあります。

すると彼は「どうしてそんなわかりきったことを言わなきゃいけないの？」と聞く

のです。

「いちいち言わなくてもわかるだろう」

これは、日本人男性がよく言い訳に使う言葉。フランス人には「言わなくてもわかるよね」というコミュニケーションはありません。とくに、カップルの愛情はパッション。その情熱を表現することこそ喜びなのです。

「それはね、あなたがそう言ってくれると私がうれしいからなの」

「あなたの言葉は二人の関係を持続させるためにも必要なの。きれいでいようと思うし、そのほうがうれしいでしょう?」

そのボーイフレンドはそれからというもの、何かにつけて「愛してるよ!」と繰り返すようになりました。それがあまりにしつこいので、最後にはちょっぴりうんざりしてしまったのですが。

ともあれ、習慣というのはこのように簡単に変えられるもの。日本の男性が愛の言葉を口にしないのは、教育(しつけ)の問題なのだと思います。日本の家庭では両親がほめ合う姿を子どもには見せないようです(実際にほめ合ってもいないのかもしれませんが……)。

フランスではごく小さい頃から、男の子は女の子に親切にするように、そして女の子を喜ばせる習慣を身につけるようしつけられます。お手本は父親をはじめとした周りの男性たち。父親は妻を喜ばせようと、ちょっとした変化を見逃さずにタイミングよくほめます。むくんだ顔を嘆きながらメイクをしている妻にでさえ、「僕はそれもまたセクシーだと思うよ」くらいの言葉をかけるでしょう。買い物にでかければ店主は「きれいなマダムにとっておきを包みましょう」といったほめ言葉をかけます。もちろん、母親であるフランス人女性も、賞賛に値する女性でいられるように努力します。こうした相乗効果を小さな頃から実地研修しているというわけです。

日本をはじめとするアジア諸国では、逆に女性が男性にかしずく文化です。でも、日本はこれだけ西洋化したのだから、そろそろ男性も頭を切り替えるべきではないでしょうか。そして、女性も「どうせ」とあきらめずに、積極的に働きかけてみましょう。花を贈ってもらえばどれほどうれしいか、もっとアピールしましょう。男性も女性に喜んでもらえるのはうれしいはずだし、それがだんだん習慣化して、やがては日常茶飯事となれば、どんなにすてきでしょう!

♥幸せのスタイル　23
ボーイフレンドからは「賞賛」の言葉をたくさんもらう

姪のレアちゃんとパリの街を闊歩！
視線を浴びながら堂々とエレガントに歩きましょう！

フランス流「オンナの扱われ方」

フランスでは、仕事における男女間に格差はありません。完全に平等。もちろん、学校の教育現場でも、女の子だけのグループ、男の子だけのグループというようなグループ分けもしません。

でも、私生活においては、男性はジェントルマンであることを求められるのです。ドアを押さえて女性を先に通す、重い荷物を持つ、コートを脱ぐ手伝いをする、花を贈る、レストランでごちそうする、やさしい言葉をかける等々、幼いときから女性に気を配るようにしつけられます。恋愛関係になくても、男はつねに女に親切であるべきだと私は思っているし、私だけでなく、フランス人女性なら当然の感覚なのです。きっとそれは、中世の騎士にかしずかれた頃からの伝統なのでしょう。

フランスの男友だちがアメリカへ行ったときの話をしましょう。フランスでは女性のためにいろいろな気遣いをすることが身についているので、あるとき、ドアが閉じないようアメリカ人女性のためにドアを押さえたそうです。そしたら、彼女はじつに攻撃的にこう言い放ったのです。

「Thanks, I can do it myself！（自分でできるからけっこうよ！）」

彼が困惑したことは言うまでもありません。

レストランはジェントルマンを発揮すべき格好の場所。やさしく椅子に座らせ、「寒くない？」などと気遣い、飲みたいワインをたずねる……というように。だから、日本にはじめて来たとき、レストランで女性が男性にお酌をしているのを見て、たいへんなショックを受けたものです。フランスではお酒をサービスするのは男性の役目。これだけは（とくにワインは）日本にいても譲れないもののひとつ。周りの日本人女性たちは、私の影響からかお酌をしなくなりました。

このように、習慣とはかくもたやすく失われるものなのです。気の利かない男性には、にっこりとほほえんで、

「ねえ、ワインをもう少しいただけないかしら」

と言いましょう。それで目くじらをたてる男性はいないはずです（いたとしたら、その男性とはそれきり会うのをやめることをおすすめします）。

パリのカフェでは、老婦人がひとりでお茶をしている姿をよく見かけますが、そんな老マダムにギャルソンはとてもやさしく声をかけるのです。「今日もエレガントですね」とか「その帽子、とてもお似合いですね」というように。年老いていようが女

性なら誰だって親切にしてもらえるべき、そう私が思うのはそんなパリで育ったからかもしれません。

♥幸せのスタイル 24
恋愛関係になくても男性からはやさしくされるべき

愛の街、パリでのデート流儀

フランスでは、何をするにもカップルでというのが普通です。カップルはフランス社会の基本単位だといえるでしょう。二人で旅行すれば、飛行機も電車も割引きになりますし、外出もたいていカップルでします。パリは愛の街であると同時に、カップルの街。老いも若きも、手をつなぎ、寄り添って歩くのです。

パリでレストランに入ると、そのことがわかるはず。客のほとんどはカップルです。テーブルの配置もサービスもそれを前提にしています。テーブルにはろうそくが灯り、ロマンチックな雰囲気……まさにカップルのためのシチュエーションです。

「シャンパーニュなどいかがですか」

これはフランス人にとって特別な言葉のひとつです。たとえば、はじめて二人きりで食事をすることになって、相手からシャンパーニュをすすめられたら、それは二人が次のステップに踏み出したというメッセージ。シャンパーニュはパリジェンヌにとって特別なお酒かもしれません。アペリティフにシャンパーニュを開ければ、その場は瞬時にロマンチックで官能的な空間に変わるのですから。それを心得ているサービスの人間が気を利かせてシャンパーニュをすすめることもしばしば。

　高級レストランでは、女性に渡されるメニューに値段は記されていません。そう、値段を気にすることなく、女性は好きなものを選ぶことができるのです。どうやら私は知らず知らずのうちにいつもいちばん高い料理を注文してしまうようです。

「でも、おいしいものが好きっていうのは欠点じゃないでしょう？　ね、シェリー（いとしい人）」

　とにっこりほほえみます。

　バレンタイン・デーは、日本では女性が男性にチョコレートを贈ることになっているようですが、フランスは逆。男性が女性に心を込めてプレゼントをする日です。バレンタイン・デーのパリを歩けば、バラの花束を抱えた男性とたくさんすれ違うことでしょう。二月は日本にいることが多いのですが、周りの男性陣にはもちろんフランス式を通してもらっています（なので、バレンタイン・デー当日は花瓶を用意してスタンバイ！）。

　パリは愛の街です。フランス人にとっての優先順位は、まず愛。仕事でも家族でもありません。愛がいちばん大事なのです。だから、「仕事が忙しくて」「仕事で疲れてしまって」という言い訳はなんの説得力も持ちませんし、聞いたことがありません。

「フランスの男性ってデートの約束があったら、残業断るってホント？」

もちろんです！　日本では信じられないようですが、フランスではデートをキャンセルして残業するほうが信じられないことなのです。

愛には、年齢も社会的地位も、肌の色も関係ありません。抱き合いたいと思う相手と抱き合って、何が悪いのでしょう。日本では人前で抱き合う習慣がなく、若い人たちのふるまいに眉をひそめる人が多いようですが、私に言わせればこんなごく自然な行動に目くじらを立てるほうがおかしなこと。パリで人目をはばからず抱き合っているカップルが全員フランス人だというわけではないのです。自国では許されないふるまいだからこそ、思い切ってパリで羽を伸ばしているカップルもたくさんいるようです。

さて、あなたは？　パリでは躊躇せず、堂々と思うままにふるまってくださいね！

♥幸せのスタイル　25
仕事を理由にデートに遅れない

どんなサプライズを演出するかで男の恋愛センスがわかる

私に限らず、パリジェンヌはサプライズが大好きです。サプライズは、カップルの仲をいつも新鮮に保つための秘訣でもあります。それは、ちょっとした贈り物やびっくりするような演出付きの豪華な食事、予想外のときに言われる愛の言葉などなど。フランスの男性はサプライズをひねり出すのが得意でもあるのです。

たとえば、パリのレストランでよく見かける花売り。バラの花束を持ってテーブルからテーブルへとめぐります。これも、サプライズを手軽に演出できる格好のシチュエーションでしょう。花を贈られてうれしくない女性はいないはず。思いがけないタイミングならなおさら感激します。パリジャンはそのチャンスを逃しません。ですから、花屋はなかなかの繁盛ぶりです。

花は、女性へのプレゼントとして頻繁に使われます。デート中にプレゼントするだけでなく、待ち合わせにバラの花を一本携えて現れるなんてこともよくあります。フランスの男性は花を贈ることに慣れていて、相手を元気づけたいとき、思いやりの気持ちを示したいときなどにさりげなく花束をプレゼントしてくれるのです。

花束といえば、忘れられない思い出がひとつ。

ある日レストランで食事をしていたら、私宛てに素晴らしい巨大なバラの花束が届けられたのです。なんと、送り主はテーブルの前にいる彼。恋人が移動式花屋のバラを買い占めて、レストランに届けさせたのです。思ってもみなかったプレゼントほどうれしいものはありません。もちろん、花束には愛の言葉を添えた小さなカード付きでした。

「ドラ、これから二人でローマに行こう」

とデート中に言い出した恋人もいます。冗談だと思ったら「チケットはすでにあるんだ」と言われてびっくり！　そんな予想外の突飛な提案はとってもロマンチックだし、ワクワクするものです。もちろん、そのローマ旅行は印象に残るいい思い出となりました。

あるときなど、郵便箱を開けたらダイヤモンドの指輪が入っていてびっくりしたことも！　思いもよらないタイミングとシチュエーションに、まるで映画の主人公になったような高揚感を味わったものです。そんなサプライズには、隠されたメッセージがより輪郭を持って心に訴えてきます。

もちろん、お金をかけなくても恋人を喜ばせるサプライズのプレゼントはいくらでもあるもの。

私の恋人には、なぜか料理上手な人が多いのですが、彼がイチから全部作ってくれるディナーのプレゼントは、とてもうれしいひとときです。キャンドルを灯した部屋で、とびっきりのワインを二人のためだけに開ける喜びといったら！

彼のアパルトマンを訪ねたら、部屋のあちこちに私への愛の言葉が飾られていたこともあります。愛のある言葉こそ、心を込めて贈られるささやかなプレゼントのように大切。相手を敬い、愛しているからこそ、クリエイティブでオリジナルなアイディアが浮かんでくるのでしょう。愛する女性のために頭をひねってくれる情熱こそ、恋愛を輝かせるスパイスなのです。

ときとして、サプライズは危険を伴うこともあります。辛辣なパリジェンヌを喜ばすのはなかなか大変。そう、いつだってリスクはつきものです。でも、失敗を恐れないで、ためらわずにサプライズを演出してほしいと思います。

♥幸せのスタイル　26

予定調和のプレゼントより、サプライズを喜ぶ

セックスできれいになる!

好きな仕事をし、おいしいものを食べ、友人たちと語り合い、ヴァカンスを思いっきり楽しむ……好きなことや好きなものに囲まれた生活は、人をリラックスさせ、人生が楽しいものだと感じさせてくれます。

そしてもうひとつ、人生に輝きを与え、体をすこやかにさせてくれるものがセックスです。

フランス人にとってセックスはとても大切です。以前、友人が新聞記事のコピーをファクスしてくれました。タイトルは「フランス人　セックスチャンピオン」。年間に何回セックスするかという国別の統計で、フランス人は世界一の栄冠に輝いていることが証明されていたのです（過大自己申告をしている可能性もありますが……。フランス人ならありがちです）。これはアムールの国の住人、フランス人にとって誇らしいタイトルです。

満ち足りたセックスライフは人を美しくします。セックスが健康によいことは科学的にも証明されていますし、食べることと同じくらい、体が欲する根源的な快楽なのです。セックスをすることで体がリラックスし、体調がよくなります。ホルモンバランスもよくなって、肌もしっとりし、目の輝きも増します。あまり大きな声で言うのもはばかられますが、あえて言いましょう。「セックスは人生だ！」と。

「ストレスをどう発散していますか？」

という質問に、パリジェンヌの多くは「セックス」と答えます。

「彼にやさしくマッサージしてもらうの」

「ろうそくの柔らかい灯りの中で、彼の愛撫に身をまかせるの」

こう彼女たちが答えるように、セックスというよりも、信頼し合える相手と（体の相性、そして最低限のマナーがあるかどうかという点で）肌を重ねるコミュニケーションは、自然な自分を取り戻す時間です。パワフルなパリジェンヌたちにとって、ナチュラルな状態に戻ってリラックスするための消炎効果であり、さらにエネルギーを充塡していく行為なのです。

七〇年代からピルが広く利用されるようになって、妊娠の心配をせずにセックスできるようになったフランス人女性は、快楽に目覚めたといえるでしょう。現在、ほとんどのフランス人女性はピルを服用しています。日本ではつい最近までピルが禁止されていたと聞いたとき、私はとてもショックを受けました。ピルが体に悪いとメディアが伝えたせいで、ピルで避妊するよりも中絶を選んでいたというのだから、まったく信じられない話です。妊娠中絶がどれほど女性の体と精神にとって負担になるか……。

一方、バイアグラはあっと言う間に国会の審議を通過し、使用が合法化されたと聞いてちょっと呆れてしまいます。副作用がまだほとんど知られていない危険な薬にもかかわらず！　こんなところが、不思議の国ニッポンの顔のひとつかもしれません。

ともあれ、フランス人女性にとって、快楽を追求することは人生の目的のひとつ。ですから、どうすれば自分が快楽を得られるかを知っています。自分をオルガズムに上手く導くよう男性にいろいろな注文を出し、それもどんどんエスカレートしてきているようです。女性の私でも「ちょっとわがままますぎるかしら」と思うほどですから、男性はうんざりしているかもしれませんね。

日本ではセックスレスのカップルや夫婦が多いと聞きますが、私には信じられないことです。

「長くつきあえば（結婚生活が続けば）、セックスレスになるのは当然」と公言する男性の多いこと。

しかも、それでも夫婦仲はよいのだというのを聞いて、不思議な気持ちになります。セックスをしなくなったら、それは別れるときだとフランス人の多くは考えるでしょう。セックスレス夫婦に存在価値はありません。だからこそ、離婚が多いのかもしれず、それは決してほめられることではありませんが、自分の幸せを第一に考えるフランス人らしいところだと思います。

家族（の幸せ）を重んじる日本人と、カップル（もしくは個人）の幸せを重んじるフランス人の違いなのでしょうか。

♥幸せのスタイル　27

セックスは美とエネルギーを充塡するための必要行為

友だちづきあいこそ「個人主義」でいこう！

友だち関係に年齢の違いは重要ではありません。友人の年齢や地位は、むしろ忘れるべきです。

日本では「先輩、後輩」「先生、弟子」などの上下関係があるからか、友だちは同年代だけ、または同期ばかりという人も多いようです。私がときどき、

「友だちと一緒に行くわ」

と言って、世代の違う私よりも「えらい」人を連れて行くと、みんな驚いたような顔をします。

「この人が友人？　ホントに友だちなの？」

と聞かれることもしばしば。でも友情に、年齢も身分も学歴も関係ないのです。

実際のところ、友情は、何か共通の経験があるほうが生まれやすいというのはたしかでしょう。でも、毎年、同じ大学の同窓生を見つける必要があるでしょうか？　慶應義塾大学や早稲田大学のように同窓生同士のつながりが強いところもあります。初

対面同士でまだ自己紹介もすんでないのに、「早稲田出身」というだけで、まるで旧知の仲のように話が盛り上がる人を何人も見ました。

　でも、もっとオープンになって、友だちになる可能性のある人たちを受け入れてみましょう。考えや生き方の違う人とのつきあいは、刺激的で得るものも多いはず。また、内面を豊かにし、フレキシブルな考えも与えてくれます。「年が違うから」、「仕事も畑違いだし」など躊躇することはありません。魅了し合うことがパリジェンヌ流儀。お互いの魅力は年齢や仕事だけで作られるものではないのですから、恥ずかしがらずに飛び込んでいきましょう。

　私には年齢の違う友だちがたくさんいます。二〇以上年上もいれば、年下もいます。とくにカウンセラーのHさんは、私がとても信頼している人のひとりで、よく彼にアドバイスをしてもらいます。ユーモアもたっぷりの彼は私とはかなり年が離れていますが、友だちそれ以上でも以下でもありません。

　日本語には友だちという意味の言葉がたくさんありますね。友人、知人、同士、仲間、同僚、幼なじみ……。フランス語はami（アミ）、これだけです。

　年齢に関係なく友だちづきあいをするのは私に限ったことではなく、フランス人全般にいえることだと思います。年齢や肩書きは、その人の本質とは関係ないことだし、友だちの関係では重要ではありません。ですから、年齢を尋ねることもあまりしませんし、年齢を知ったからといって態度を変えることなどありません。

友情で結ばれた関係は、なんの計算もせずにコミュニケーションをとることができます。たとえば、違う意見を言ったり、反対意見を述べ合ったりしたっていいのです。

これも「個人」を生きていくうえで、とても大切なことです。

♥幸せのスタイル 28
友だちの年齢は尋ねない、知っても態度を変えない

男友だちとうまくつきあう

小さな頃から、独立心旺盛で「群れる」ことが大嫌いだった私は、男の子と遊ぶことが多かったようです。それでも先生や親から、

「ドラ、少しは女の子と遊びなさい」

と言われたことはありません。フランスでは、子どもの頃から男女共学が普通です。男の子も女の子も一緒に遊びますし、性別にはこだわらず、気のあった子と仲よくなります。

長い間、私は女友だちより、男友だちのほうが気楽につきあえると思っていました。実際男友だちのほうが多くいました。男友だちのほうが断然、興味深くて、自由で、おもしろかったからです。彼らの生き方も含め、多くのことを学んだような気がします。

日本では、男友だちと二人で歩いていると、

「このまえ一緒にいた人は恋人？」

と聞かれます。パーティで男友だちを連れて行ったときもそう。男友だちに向かって、

「すてきな女性を恋人にしてうらやましい」

などとしゃべりかけたりするのです。

これは私だけでなく、彼にとって、そして私たちの関係に対してとても失礼なこと。男性からの電話に出て話し終えたとたん、

「今の電話、彼氏?」

と言われると答える気にもなりません。

もっと、柔軟におおらかに人とのつきあいをとらえてほしいと思います。異性と二人でいたら、即カップルと決めつけるなんてナンセンス。

男と女は違う考え方をする生き物。せっかくなら、どちらもわかれば完璧です。「どうせ」などと思わずに興味を持って理解しようとすれば、それは未知の世界への扉となるのです。

私には、人間として大好きで頼りにできる男友だちが数人います。

ときどき夕食を一緒にするPとは、テレビの仕事を何度か一緒にして以来の仲。共同で実現したいドキュメントの企画などのアイディアをしょっちゅう交換しています。

こうした男友だちとは、お互いに信頼しているし、気の置けない関係が成り立ってい

ます。もちろん、食事をするだけでなく、相談に乗ってもらったり、力仕事をお願いしたりするときにも頼りになります。そしてまた、誘惑の要素も含んでいる間柄というところがミソ。お互い、魅惑し合えるような関係でなければつまらないでしょう？

フランスにいるときは男友だちと二人で会って、一緒に映画を観たり、お茶をしたりすることはよくあります。旧友のジャン・マリとは「探検散歩」と名付けた外出をすることも。これは私たち共通の趣味。歴史的にゆかりのあるスポットや見晴らしのいい場所を再発見して歩くのは、とても新鮮な気分です。以前、雨の中モンマルトルへでかけたとき、足場の悪い坂を下りながら、

「どうしてパリは雨ばかりなのかしら」

と文句を言ったら、彼は私の手をとってこう言いました。

「でもそう悪いもんじゃないよ。こうしてキミが僕の腕につかまってくれるもの」

男友だちでもこう言われたら悪い気はしないもの。日本でもこうした友だち関係がもっと気楽にできればいいのに、と思いませんか。

♥幸せのスタイル　29
人間として信頼できる男友だちを数人持つ

大好きなおばあちゃん。パリでひとり暮らしをしていた彼女を時間が少しでもできると訪ねていました。2010年に99歳で亡くなりましたが、100歳までがんばってほしかったです。

第四章　もっと魅力的になる

好奇心を持つことがドラ流アンチエイジング

《Life is a mystery to be discovered and not a problem to be solved.》（人生は解決すべき課題ではなく、発見されるべきミステリーだ）

誰の言葉かはわかりませんが、私はこの格言が好きです。素晴らしい人生観だと思いませんか。好奇心いっぱいの人は、いつまでも若々しくいられます。好奇心と向学心、この二つは若さの秘訣。学ぶこと、未知のものを発見することは、かけがえのない喜びです。

日本人はとても好奇心旺盛な国民だと思います。私が以前講師をしていたＮＨＫの外国語講座ひとつを例にとっても、熱心な視聴者が大勢いて、テキストもよく売れています。

日本人は先々のことを考え、勉強して自分を磨きます。テクノロジーの分野でもその傾向は顕著です。私が最初に来日した時に研修した三菱鉛筆では、新人のＯＬですら製品のプロトタイプに関して意見を言うことができるシステムでした。「もっとよくしよう」「もっとよくできるはずだ」という研究熱心さは、フランスでは考えられません。

学ぶことが好きな私は、知らないことを教えてくれる人たちを尊敬しています。未知のものを吸収するのは大きな喜びなのです。

現在、東京日仏学院とアカデミー・デュ・ヴァンで講師をしていますが、生徒の年齢層はとても幅広く、年配の人も大勢学んでいます。年配の人たちの表情はイキイキして、若々しさにあふれています。学ぶことによっていつも元気でいられることを彼ら自身がよく知っているのだと思います。

学ぶことはすべての基本。でもさらに重要なのは、どういう精神状態で学ぶかではないでしょうか。柔軟な心で人の言葉に耳を傾け、新しい出会いを恐れず、意見を述べ合う。違う考えを聞き、受け入れ、愛すること。

そう、つねに開かれた精神状態でいることが大切。自分が同意できない意見でも、ともかく理解しようと努めましょう。何に対しても好奇心を持ちましょう。そして、素直にトライすることを恐れずに！

◆幸せのスタイル 30
つねに好奇心旺盛でいる

パリの自宅のデスクに貼ってある格言のメモ。

外国語を学んで、新しい価値観を身につけよう

「ドラは何ヵ国語を話すの？」とよく聞かれます。「五ヵ国語よ」と返事をすると、驚嘆されたり、尊敬のまなざしで見られます。私としては、特別な才能をもってして言葉を操れるようになったというより、単に「話したい」という欲求の結果にすぎません。まだこれから多くの言語を習得したいと思っています。知らない外国語を聞くのはとても楽しいし、それらを学ぶこともまた喜びです。

外国語はコミュニケーションの手段として学ぶものですが、それだけではありません。言葉の習得によって、今までとは違ったものの見方ができるようになることがおもしろいのです。同じ考え方を表現するのに、フランス語とドイツ語と日本語ではまったく違う表現方法を取ることもあります。それどころか、翻訳不能の言葉さえあります。日本語には存在する概念がフランス語にはない（またはその逆の場合）、ということも。

言葉の数だけ、違う生き方がある、違う文化があるのだと実感できます。

たとえば、「がんばる」とか「我慢」という言葉。これらは、どうしてもフランス語に翻訳できない言葉です。ですから日本語を知っている友人とフランス語で話すとき「faire GAMAN（faire は英語で do とか make に当たる意）」などと使ったりします。

外国語を学ぶと、それらが自分の母国語の中に自然と入ってきます。ドイツ語にはまっていた頃は、電話の相手がフランス人であろうとドイツ語で「Tschüss（チュース）」と言っていたし、今ではフランスでフランス人相手に電話をするときも日本語で「もしもし」と言ってしまう、というぐあい。私の家族や友人たちはすっかり「もしもし」に慣れています。

私の場合、母国語のフランス語以外にドイツ語、イタリア語、英語、そして日本語を話します。ドイツ語はリセと大学でオーソドックスな方法で勉強しました。文法を習い、単語を覚え、というように。ドイツにも留学経験があります。しっかり基本ができているから、しばらく話すチャンスがなくても大丈夫。英語も同じくリセと大学で勉強したことがベースになっていますが、ドイツ語より少しばかり思い入れがあります。というのは、イギリス人の恋人がいたから。恋人の言い回しはなぜか耳に残るし、細かいニュアンスを使い分けようと熱心になるものです。外国語を勉強するのに、これ以上の動機はありません。すぐにうまくなることうけあいです。

イタリア語は大人になってから独学で学びました。カセットを聴いて基本を勉強し、フィレンツェでイタリア語の夏期講座を取って、試してみるのです。言葉を勉強したら、実際その国へ行って使ってみることです。親しみがわくだけでなく、読み書き、しゃべり以上の何かを得られます。これからチャレンジしたいのはポルトガル語やロシア語、そして中国語といったところ。

日本語の習得は来日してから始めました。ホームステイ先で生きた日本語を耳から、スポンジが言葉を吸い取るようにして学んでいきました。最初の数ヵ月は、ひらがなやカタカナでせっせとノートに単語を書いて、繰り返し覚えたものです。頭が痛くなるくらい勉強したので、上達は早かったはず。読み書きでは苦労しましたが、日本語を話すのは遊び感覚で楽しかったのです。ただし、敬語は私にとってやっかいでまだ少し混乱気味。今でも司会の仕事をするときには、敬語に神経を使います。

類は友を呼ぶのでしょうか。私の周りには、日常的に数ヵ国語を話す人がたくさんいます。こういう人たちとつきあっていると、フランス語しかしゃべらないフランス人とはコミュニケーションしづらいなと思うこともしばしば。やはり異文化体験は大切。差異を認めることができ、思考も柔軟になります。開かれた場にいる感じがして、おおらかな気持ちでいられるのです。ニューヨークの国連本部で働いていた頃は、さまざまな外国語を流暢に操る人たちがいて、仕事も快適でした。ですから、なるべくそういう状況に身を置きたいと思うのです。

ＮＨＫのテレビ番組『フランス語会話』、慶應義塾大学、そして東京日仏学院の講師として外国語学習の場に長年いる私は、外国語を学ぶことで大きく変わった生徒たちをたくさん見てきました。言葉を学ぶということは、その言葉の背景にある文化を学ぶこと。今まで知らなかった価値観を学ぶことでもあるのです。ですから当然、大きな影響を受けます。実際に人生観を変え、今までと生き方を変えてしまった生徒は何人もいます。

外国語の学習は強烈な体験。新しい友情、本、町、国、文化、美食など、さまざまなことを学べるのです。そういう楽しみがあるからこそ、ますます語学の学習に熱が入り、どんどんうまくなります。くじけてしまいそうになることもあるけれど、どうかがんばって！

◆幸せのスタイル　31

外国語を学ぶと生き方が変わる

多くのパリジェンヌと同様、私もお父さんとはとても仲よし。
30数年後の二人。カンボジア旅行を楽しんでいます。

「外国暮らし」で新しい自分を発見する

私は「外国暮らし」が好きです。なぜなら、毎日が冒険の連続だから。パンを買いに行くだけでも興奮できるなんて、ワクワクしませんか。知らない街で、よくわからない言葉を話す人を相手にチャレンジする楽しさ。

そう、日常のささいなことが冒険に変わるのです。今までドイツ、イギリス、ニューヨーク、そして東京と、次々と外国の都市で暮らしてきたので、外国暮らしの楽しさをぜひ伝えたいと思うのです。

最初は何もわからない手探りの生活です。とんでもない勘違いやゆき違いを経て、だんだんと慣れてくる。標識の意味もパッと頭に入るようになって、最後にはとうとう「自分の街！」と言えるまでに同化する喜び！　数々の失敗もいとおしく、楽しい思い出にもなります。そんな大きな喜びをぜひ経験してみましょう。知らない自分やひと皮むけて成長した自分を見つけられるはずです。

外国の大都市でアパートを探して暮らしてみてはどうでしょう。それは旅とはちょっと違います。異邦人でさまようのではなく、外国でしっかりと自分のレゾンデートルを得ようとしましょう。自分のことをどこまで自分ひとりでやれるのか、試してみるのです。

ときには危険を伴うこともありますが、恐れないで。ダメでもともと、やってみましょう！　何事も経験なのですから！

人生は経験の連続にすぎません。情熱的な体験をすることもあれば、がっかりすることだってあるでしょう。ラッキーなことに出会うことも、不運に見舞われることもあって当然。でも、どんなことからでも、私たちはポジティブなものを引き出せるはずです。

数年前からパリでひとり暮しをしている日本人のNは外国暮らしで変わった自分について、こう話してくれました。

「パリでは攻撃的にならないと暮らせない。強くないといけないの。いつも身構えて暮らすのはストレスになるけど、それに負けるような弱い人間はパリでは生きていけないの。パリで生活していると、自分がどういう人間かが自ずとわかってくる。自分のことは自分で責任を持たないといけない。そうすると、だんだん自分に自信がついてくるし、自分の意見が持てるようになってくる。そして『ＮＯＮ！』とさえ言えるようになったわ。日本では言えなかったのにね。パリでは自己主張してはじめて自分をわかってもらえるの。自分が何をどう感じるか、どう考えているかをはっきりと言わなければいけない。そういう生活を通して、自分自身を作り上げていくの」

もうひとり、パリ在住のK。

「パリでは私はアジア人というくくりね。カンボジア人や中国人によく間違えられる。自分のことをアジア人だって思ったことはなかったから、そう見られることが最初はすごくいやだった。でもね、慣れるとどうってことはない。他の人にどう思われるかなんて関係ないって思えるようになってきた。私は私だから」

二人とも声を揃えて言うのは、「どこでも『私』で生きていける自信がついた」ということ。

それは、肩書きや国籍など関係なく、「自分スタイル」で生きていけるということなのです。仕事や住まい、人間関係を新たに作る機会を得たからこそ、ほんとうの自分を見つめ、さらに強く、ポジティブな自分を引き出すことができたのではないでしょうか。

ずっと同じ仕事、同じ環境で生活を積み上げていくだけが人生ではないのです。外国暮らしでなくても、海辺で暮らしてみる、田舎暮らしをしてみる、ということでもいいかもしれません。究極のドラ流自分磨きの方法とは、違う文化に身を置く喜びや困難さを体験すること、なのです。

◆幸せのスタイル　32
環境を変えることを恐れない

他人のためでさえ、自由でいる

どう生きるかということに思いをめぐらすとき、私はこんなイメージを持っています。

私は一艘の小舟。目的地を決めて舵を取りながらも、ときには流れにまかせてたゆたうこともある。漂流してはじめてたどりつける場所もあるでしょう。それは思いがけない喜びではないか、と。

目標を持って生きることは大前提。けれど、よそ見をせずに突き進むより、周り道だと思っても「流れ」に身をまかせられる柔軟性もあわせ持っていたいのです。

学べば学ぶほど、人生は豊かになるはず。それは自分が学びたいことだけでなく、思ってもみなかった経験から学ぶことも大切なのです。

そのためには、いつも自由であることが基本です。誰かほかの人のために動けるように、いつも自由でいたいと思っています。そう、友人や家族のため、いや、知らない人のためにさえ、自由でいましょう。メリットやデメリット、合理的かどうかなんて、そんなことをいつも考えていたらつまらないでしょう？

そうした他人への寛容さや偶然の出会いによって、実際に私は助けられ、新しい一歩を踏み出せたともいえます。

はじめての日本で右も左もわからず、「来週からホテルでなく、どこに住めばいいのか」と途方に暮れていたとき、偶然出会った見ず知らずの人に助けられてホームステイ先を見つけたこともそう。そのホームステイ先の家族のおかげでＮＨＫの『フランス語会話』を知り、出演交渉をしたことも、思いがけない人生の偶然を楽しむ精神のたまもの。道を聞いた人と、到着した講演会でまた顔を合わせ、友人になったなんてこともあります。

新しい出会いはさらに新しい出会いを生みます。それが、人生をひと回り大きく、豊かにさせてくれるし、結果的に自分の人生を助けてもくれるのです。

柔軟に行動するためには、まず、今までの習慣を断ち切ること。そして、型通りのことはしない。この二つをやってみましょう。ポイントは、自分の中の《子ども》の部分を捨てないようにすることです。自分の中の子どもが目を輝かせるようなことを切り捨てていないか、ときに立ち止まって考えてみませんか。

◆幸せのスタイル　33

人生のゴールを設定せずに、流れや偶然の出会いを楽しむ

Top of the world　にいるドラ。ラダック（インド）への冒険の旅。富士山より高いところに座っています。

他人に干渉してみよう

「日本の若者に足りないものは何ですか」

そう聞かれることも多いのですが、そのときすぐ頭に浮かぶのが、日本の若者の政治に対する無関心さ、知識のなさです。何よりもまったくの他人事ぶりに呆れてしまうことが多いのもたしかです。パリの学生は政治や世界的な事件に関心を持ち、よくデモをし、互いに意見を戦わせます。自由を守る、自分の意見を言う、それはデモクラシーの基本。自由は与えられるものではなく、つねにつかみとっていくものなのだから無関心では始まりません。

人生は誰かから与えられるものでないし、誰かに絶対的な保証を与えられるものでもないのです。そう考えれば、政治や世界情勢も自分自身の問題だと思えるのではないでしょうか。

イラク戦争でブッシュとアメリカ政府が取った行動に対して、フランスがどういう反応をしたかを見ればわかるでしょう。また、二〇〇五年五月には、ＥＵ憲法を批准するかどうかの国民投票で、フランスが「ノン」を示しました。これはフランスの国民性を象徴するできごとだったと思います。自立性を保つためにはノンと言うことも必要だし、賛同（または否定）を行動で示してバックアップしていくことも大切なことです。

また、自分の役割について関心を持ちましょう。自分なら何ができるか、とくにヒューマニズムの哲学を持ったうえで、考えることが大切です。フランスでは多くの人が学生時代からボランティアに参加します。私も、目の不自由な人のために小説を朗読して録音する活動を長くしていました。自分が誰かの役に立つということはうれしいことです。知り合いのためだけでなく、名前も知らない誰かのために、自分ができることを実践していきましょう。フランスでは有名な団体にM・S・F（国境なき医師団）がありますが、これも、「自分なら何ができるか」をヒューマニズムにのっとって行動している例でしょう。よく指摘されることですが、日本はアピールが下手なせいか、世界情勢への関心が薄いという印象を受けます。

それはフランスと日本のマスコミの報道の仕方にもあらわれています。外国で事故があったとき、日本のニュース番組は事故の甚大さよりも、日本人が被害にあったかどうかで扱いが変わるようです。

「日本は島国だから海外の事情に関心が低いんだよ」なんて言われると、すぐカッとする私などは「それなら鎖国しなさいよ！」と過激な発言をしたくなってしまいます。もう少し世界を身近に感じて、世界情勢に通じましょう。それは、自分のためでもあるのですから。

◆幸せのスタイル　34
見て見ぬフリをしない

ロリータコンプレックスから抜け出して「キレイ」を考える

「ドラは鼻が高くてうらやましいわ」
日本の知人からよくそう言われます。あと、「顔が小さくていいわね」というのも。でも、私に言わせれば、ヨーロッパ人であればアジア人より鼻が高くて当たり前。高い鼻こそ美しいというのも腑に落ちません。体格や顔のつくりが、フランス人と日本人が違っているのは当然ですし、どちらがよくて、またどちらが劣っているというものでもないのです。

実際、日本人女性はフランス人の男性から、とても魅力的にうつるのです。それは、フランス人より美しいといった比較ではなく、その違いこそ魅力になりうるということ。まっすぐでつややかな黒髪や、強さや神秘さを感じさせる瞳、なめらかな肌、そしてきゃしゃな骨格……などなど、日本文化や日本人らしい性格の傾向（奥ゆかしさ、勤勉さなど）といったものも、外国人からすれば、日本人に惹かれる大きな要素です。だからコピーはノン！　もっと自分に自信を持って、堂々と自分だけの魅力を磨いていきましょう。

男性の目を意識して自分を磨くのは間違いではありませんが（大きな動機にはなります）、それにとらわれすぎないようにしましょう。とくに日本人に陥りがちなのが、ロリータコンプレックス。これは声を大にして言いたいこと。

「ロリータコンプレックスからの脱却を！　Etre femme！（女であれ！）」

たしかに日本人男性の多くは幼稚な雰囲気の女性が好きなよう。甲高い声で舌っ足らずのしゃべり方をしている女性タレントたちをテレビで見るにつけ、不可解な気持ちになります。フランス人の男性ならほとんどが「女性としていちばん魅力的なのは四〇代や五〇代」と口にするでしょう。もちろん若い女性も大好きですが、「成熟度は高いほうがいい」というのは共通の認識だと思います。

自分の魅力をアピールするのに、ロリータになることはありませんし、そんな努力は間違っています。少女の部分は、それとなく感じるぐらいがいいのです。

トップクラスの美貌に恵まれていなくても、輝きを放つことはできます。自信があれば、表情やふるまいにも表れてくるものです。オーラを振りまき、輝くばかりの魅力で他を圧倒しましょう。初対面で会ったときに、自信を持って相手の目を見てほほえむことができるかどうかが大事。どれだけアピールできるかは、あなた次第なのです。

◆幸せのスタイル　35

美しさは、若さではなくオーラで表現する

魅力アップのレッスン1　顔の訓練

［顔と表情］

あくまでもナチュラルに。自然に発露する気品を演出しましょう。生き生きとした表情こそ、その人をより魅力的に感じさせます。そのときの感情を素直に顔で表現してみて。びっくりしたとき、うれしいとき、あなたはどんな表情をしていますか？　女優のように豊かな表情が出せるよう心がけてみましょう。

豊かな表情を作るとできてしまう少しばかりの皺は、魅力のうち。気にしないで。

［目］

目に気持ちを込めることによって、まなざしにも表情が出てきます。赤ちゃんを見る人のまなざしは温かでやさしい雰囲気になりますよね。目はその人の気持ちをうつすのだから、もっと意識して。笑うときの目にもバリエーションをつけてみましょう。目を細める笑い方、目を大きく見開いた笑い方など、そのときの気分を反映させてみてはどうでしょう。

また、目を見つめることを恥ずかしがらないで。日本ではじっと見るのは無作法なこととされているようですが、逆にフランスでは人の目を見て話さないのは失礼にあたります。それに、視線が交わった瞬間に気持ちが通じることもあります。恋のチャンスはまなざしにも秘められているのですから。

［口］

笑いとスマイルは区別すること。「笑う門には福来たる」という表現を知って、とてもいいなと思いました。女性の笑いはまるで太陽のように男性の苦痛をやわらげる効果があります。おもしろい場面に遭遇したら、迷わず笑いましょう。

ただし、意味のないバカ笑いは少し不気味な感じがします。フランス人はお愛想笑いをしないので、お追従笑いやバカ笑いは理解できないことのひとつです。

あと、場所もわきまえて。地下鉄の中で大笑いしてはしゃぐ人たちを見かけるたびに、うんざりしてしまいます。

笑うときは手で口を隠したりしないこと。歯並びがよくないせいなのか、これは見苦しいふるまいだと思います。歯は女性の魅力の大きなエレメント。フランスではほとんどの人が子どもの頃に歯の矯正をします。まだ遅くありません。美しい歯並びに直しましょう。目を大きくしたり鼻を高くしたりする整形手術を受けるお金があるのなら、それを歯並びの矯正に使ったほうが効果的です。

そして、スマイル。ほほえみの持つ魅力は根源的なもの。ほほえまれるとほとんどの人は抵抗できなくなる、人間関係のすてきな潤滑油です。なるべく頻繁にスマイルしましょう。たとえ知らない人にでもほほえみましょう。ほほえまれた人は、心が温かくなってやさしい気持ちになれるし、自分も気分がよくなります。

私は多くのパリジェンヌと同様、言いたいことは言う主義です。仕事の場だけでなく、友人同士、恋人同士でもディスカッションをしますが、ときに言い合いになって険悪なムードになることも（でも、それを引きずらないのもフランス人）。でも、言うべきことを言ったあとにはなるべくスマイルするようにしています。スマイルひとつで人間関係はもっと楽しく豊かになると思うから。

しかも、スマイルは顔の欠点をカバーしてくれます。なぜならほほえみは体の内側からにじみ出る魅力だから。横綱だって、勝利の瞬間に見せるスマイルは、素晴らしいでしょう？

◆幸せのスタイル　36

言いたいことを言ったあとにはスマイルする

講演会でのひとこま。豊かな表情はそれだけで印象に残ります。しぐさも大切です。

魅力アップのレッスン2　姿勢と所作

［姿勢とふるまい］

背筋をピンと伸ばす正しい姿勢を保ちましょう。背中を丸めた姿は美しくないだけでなく、自信がないように見えてしまいます。パリジェンヌが若くても堂々として見えるのは、いつでも胸を張った姿勢が身についているから。胸を張るといっても体を緊張させることはありません。お腹や腰を丸めずにまっすぐに保つようにして、肩の力は抜くようにします。

そして、イスに座ったらきれいに足を組みましょう。日本ではひざをぴったりつけてまっすぐにすることがよしとされているようですが、足を組んで、少し斜めに流すほうが、ずっと美しく見えるはず。レストランで食事をするときや仕事では足を組んだりはしませんが、食事後におしゃべりを楽しんだり、仕事でも打ち解けた雰囲気の取材や打ち合わせなどでは足を組みます。そのほうがリラックスした雰囲気でしかも美しく見えるから（これが大事！）。

フランス女性の美しさを評して、こう言った日本人の知り合いがいます。「特別きれいではないのに、身振り手振りで話し始めるとハッとするほど魅力的になる。しぐさがその人の個性とマッチしている感じ」

人の印象を決めるのは、顔の造作や外見のセンスだけでなく、体全体から醸し出される雰囲気も大切です。しぐさも魅力的であるように心がけてみましょう。おしゃべりをしているとき、あなたの手や足、姿勢はどうなっていますか?

ほめられたときの反応も日本人とは対照的。フランス人は、決して「いいえ、とんでもありません」などとは言いません。「そんな、やめてください」なんて言ったら、ムードも会話も断ち切られてしまいます。素直に感謝しましょう。謙遜せずに喜んで賛辞を受け入れれば、男性もほめるのがもっとうまくなるはずです!

［歩き方］

パリの目抜き通りを闊歩する日本人女性のグループは、その特殊な歩き方で人目を引きます。皆揃ってうつむき加減で、信じられないほどの大きな音を立てながら、足を引きずって内股で歩いています。「どうして日本人はあんな歩き方をするのか」というのもフランスの知人からよく聞かれる質問なのです。たしかに不思議。パリには日本人のほかにもアジア人はたくさんいますが、日本人のような歩き方をする民族はほかにいないように思います。

「着物文化の影響かしら」と擁護の気持ちを交えて答えたりしますが、でも、着物ではなく、洋服を選んだときに歩き方を変えないのはヘンですよね。

これからは、美しく歩くことを意識してみましょう。まっすぐ立ち、遠くを見て歩く。着物じゃないのだから、内股で歩く必要はありません。自分がエレガントに見えるよう、ひざを伸ばすように意識して歩きましょう。

◆幸せのスタイル　37

ＴＰＯに応じて、いちばんエレガントに見えるふるまいを意識する

魅力が伝わる会話術

「一緒にいて楽しいな」「また会いたいな」と思える人は、会話をしていて楽しい人ではないでしょうか。フランス人の場合、「うまく話す」というのは最高のほめ言葉のひとつ。ひねりやウィットを利かせた表現をしたり、ちょっとシニカルなことも言ったりするのも、うまく話せる人の条件です。

だから、初対面の人に挨拶をするときも、ちょっと変わった言い回しで自分をアピールしたり、奇をてらった自己紹介をして相手の返し方を試してみたり……なんてこともします。フランス映画をいくつか観れば「初対面の人にこんな挨拶をするのか」「なんだか意地悪な（もしくはおどけた）言い方をするな」と思えるような場面がよくあることがわかります。ユーモアがあるということは、フランスをはじめとしたラテンの国では尊敬される資質なのです。

これは、幼い頃から、周りの大人たちの会話を聞いたりして培われてきた表現力のたまもの。一朝一夕にはできないことかもしれません。でも、「ほめる」ことならすぐ実践できるはず。「男と女」の章でも書きましたが、相手のすてきなところを見つけてそれをほめることは、恋人同士以外の関係でも、とても大切です。フランス人は、賞賛を口に出すことをためらいません。それは、他人ですら。たとえば、メトロに乗っているアジア人の観光客に「まあ、なんて艶やかな黒髪なんでしょう。とってもすてきよ」と声をかけることさえします。言われたほうは悪い気はしませんよね。それどころか、知らない人からの賞賛ほどうれしいことだってあります。

日本人も、もちろん人をよくほめると思います。ただ、ほめる場合、なぜか「うらやましい」という要素が強いように思います。または、お世辞やおべっかが入っているようなことも。「お世辞とわかっていてもうれしいわ」なんて返し方もあるくらい、当たり障りのないほめ方が多いように思うのです。

もっとその人の個性的なところ、独自のセンスを見つけてほめてみましょう。それをどれだけ見つけられるかが、あなたのセンスであり、印象的に思わせる会話術の秘訣です。

「いいな」と思ったことは、ためらわずに口に出してみること。「そのスカーフの使い方すてきね」「今日のコーディネート、ボヘミアンっぽくってかっこいいわ」というように、見た目の印象を伝えるのだっていいのです。「背が高いから洋服が似合っていいわね」と言われるより、よっぽど心に残るほめ言葉だと思いませんか?

ほめることの効用は、とても大きいのです。誰だってほめられたらいい気分になりますし、ほめてくれた相手をもっと大切にしようと思えるのです。シニカルなフランス人がただの意地悪に終わらないのが、相手をよくほめることができるからではないかしら、と思います。

それと、もうひとつ。言葉に気持ちを込めて表情を豊かにすることも大切。身振り手振りを交えて自分の感情を伝えようとするフランス人は、日本人と話していて「楽しいのかな？　それともつまらないのかしら」ととまどうこともよくあります。表情はなごやかなのに、目を合わせてくれないと、「もう話したくないという合図かしら」と思うことも。

アイコンタクトをとりながら会話することを心がけてみましょう。こうしたことを実践するだけでも、好印象を与えることができるはず。

ちなみに、日本人と話していてとてもうれしいのが相づち。フランスでは相づち自体が存在しないので、会話の中で「ああそうですか」「ええ」「へえ、なるほど」などテンポよく相づちを返してくれると、いい気持ちになります。日本人は相手を尊重する文化が発達しているなあと、こんなところでも感じます。相手を尊重したり、立てたりするのはもう十分できるのですから、今度は自分をアピールできるような会話術を磨いていきましょう。

◆幸せのスタイル　38

人をほめてあげられるよう、いつでも「美点」を見つけられるセンスを磨く

毎日ひとつ、自分を喜ばせることをする

魅力的でいるためには、自分のことをかわいがることも大切です。何事にも「自分であること」を大切にするパリジェンヌは、自分を喜ばせるための時間の使い方がとても上手です。

大都市で暮らしていると、どうしてもストレスがたまってしまいます。どうにかしたいと思っても、なかなか難しいかもしれませんが、ズルズルと引きずられてしまう前に、自分でストップをかけましょう。「何がしたいか」「自分の好きなことは何か」がわからなくなってきたら要注意。心と体が疲れている証拠です。

人並みはずれたエネルギーを持っているとよく言われますが、そんな私の悪いところは、後先考えずに、ついそのエネルギーを全開にしてしまって、どっと疲れてしまうこと。これまた人並みはずれた好奇心のせいで、仕事も遊びも思いっきりスケジュールに入れてしまいがち。ですから、ときにはマシンの目盛りをゼロにして、ゆっくり体を休ませるようにしています。自分のためだけに時間を使って、のんびりします。

リラックスして、ナチュラルな自分と調和する時間は、私にとってなくてはならないもの。

自分と調和して暮らすこと。これが美しさの基本です。美は決して外見だけのものではなく、むしろ内面の美こそが大切です。まず、自分が幸せでなければなりません。簡単なことではないけれど、とても大切なこと。何を幸せと感じるかは人によって違うでしょうが、いつも自分が幸せだと感じていれば、あなたは美しく輝いていられるのです。

自分に正直に生きましょう。ほかの人があなたのことをどう思っているのか心配するのはやめましょう。あともうひとつ、健康は美の基本中の基本。普段は忘れていますけどね。

その秘訣は、毎日必ずひとつは自分を喜ばせるようなことをすること。欲望とリズムに身をまかせ、自分の好きなように時間を使ったことはありますか。まずは、自分を喜ばせるための時間を確保することから。自分のためだけに使う時間は暮らしにゆとりを与えてくれます。豊かな暮らしは美の源。美しくいるためにも、自分のことをもっとかわいがり、もっと喜ばせましょう。

◆幸せのスタイル 39
自分をかわいがることが美につながる

お気に入りのリュクサンブール公園で。屋外のベンチでする読書は、気持ちのいい習慣のひとつです。

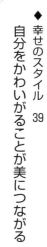

日常生活で「美」に触れる

建築や自然など、自分の周りで、「美しい」と思うスポットを見つけられたら、とても幸福な気分になります。だから、私は住む場所や散歩することにこだわるのです。私が育ったパリは、公園やセーヌ川の景色、建築や美術館の絵画など生活とアートが融合している街。普段でも美を感じながら生活していれば、メイクやファッションにも反映されるのではないでしょうか。パリジェンヌがおしゃれといわれる所以はこんなところにもあるのかもしれません。

また、美に敏感になって「美しいこと」を発見できると、豊かな心を養えます。美は自分の中の感性や活力を呼び覚ましてくれるもの。だから日常生活で美に触れることが大切なのです。

フランス人は美しいものが大好きです。

「あなたにとって美しさのシンボルは？」

そんな質問はとても刺激的。フランスではこういった話題がよくのぼります。みんなそれぞれ自分が大切にしているミューズを心に浮かべて、恍惚感に浸りながら答えるでしょう。

私の場合、美の象徴は奈良の興福寺にある阿修羅像。はじめて目にしたときの衝撃といったら！　その日は結局、見学時間の終了まで阿修羅像の前にいたほどです。残念ながら、普段は写真でしか見られませんが、写真でさえ、阿修羅の姿を目にした瞬間、リラックスする自分を感じます。まるで魔法のよう！

パリではノートルダム寺院が私の魔法使い。「grande dame（貴婦人）」「belle dame」と私は呼んでいますが、学生時代に二年近く、貴婦人の横顔をドキドキしながら、またうっとりと見続けた暮らしはとても思い出深く心に残っています。あまり気分のすぐれない朝、窓から見えるノートルダムを目にしたとたん、すっきりと晴れやかな気分になれたものでした。今でもあの美しい姿を見ると、元気で豊かな気分になります。

日本では富士山。ひと目見たときから、気高い姿に心打たれて惚れっぱなし。

そして、二〇〇四年。またまた美の魔法使いが私の前に現れました。それがアンコールワット。スピリチュアルで官能的な姿にノックアウトされました。旅行中は、朝訪れて、また昼に寄り、そして夕方にも出かけていくほど私の心をあっという間に夢中にさせたのです。そんな出会いは喜びであり、人生のサプリメントです。

美を愛することにもっと時間と関心を割きましょう。自分の心にミューズを住まわせることはあなたの人生をもっと彩ってくれるはずです。

◆幸せのスタイル　40
美しいと思うものに囲まれて暮らす

第五章　強くなる

討論ができる人は自分の人生を生きている人

慶應義塾大学の藤沢キャンパスで二年間講師を務めたときのこと（これは日本社会について勉強するよい機会でした）。私はフランス語のほかに、フランス文明講座と、討論の授業を受け持ちました。討論もフランス語の上達に欠かせません。議論を戦わせることでフランス語の会話力を高めるのが目的です。

藤沢キャンパスの学生は、慶應義塾大学の中でも帰国子女の割合がかなり高いので、当然、彼らは普通の日本人よりも討論には慣れているはずだと思っていました。

ところが一向に乗ってこないのです。私が用意したテーマには興味がないのかもしれないと思い、各自の海外体験を主題にして語らせようとしても、これもダメ。誰かを当てれば「えっ、僕ですか？」と自分の鼻を指します。

「そう、ほかに誰がいるの？」

周りの学生はホッとしたような気の毒そうな様子でシーンとします。当てるだけでも奇妙な緊張感が漂い、まるで私が意地悪をしているかのよう。そして、ようやく口を開いても、各テーマに関する本の要約を述べるだけなのです。

「私はあなたの意見が聞きたいの。あなた自身はこの問題をどう考えているの？」

何度繰り返し言ったことでしょう。でも、学生は黙ってあいまいな笑みを浮かべているだけ。

彼らはその主題について何の意見もないのだろうか。それとも皆の前で語ること自体に抵抗があるのだろうか。私にはさっぱり理解できませんでした（なぜなら、大半の学生は聡明でおもしろかったから。今でもそのときの学生とは連絡を取り合っているし、何人かとは友人といえる間柄にもなった。みんな社会人としてそれぞれ活躍しています。ブラボー！）。

海外体験があるとはいえ、彼らも日本人。自分の意見を明確にすることで、他の人と違う意見を持ってしまうことが恐いのかもしれないと思い至った私は、ディベートの授業を通じて少しずつ彼らの考えを変えていこうとしました。この過程を通して、私自身も意見を述べたり、批評したり、人とディスカッションするということがどういうことなのか、深く考えさせられたものです。

日本は「和」を大切にする国です。対決しない、面と向かって人を批評したり傷つけたりしない、集団からはみ出ない、目立つことはしない。「和」の心は日本の基本であり、狭い国に大勢の人間がひしめいて住んでいる社会でうまく機能しています。

でも、人間は皆それぞれが異なる存在、これは根本的で絶対的なものです。一人ひとりが違うDNAを持っているのですから。もちろん、日本でやたら「自分はこう思う」「自分ならこう考える」と主張するのはなじまない習慣かもしれません。でも、言わなければいけないときにはしっかり言えるようにすることは大切なこと。そのときになってはじめて、「自分には何の意見もない」ということを知るなんて、恥ずべきことではないでしょうか。

フランスでは誰もが自分の意見というものを持っていますし、それを表明しなければなりません。誰もが違う意見を持っていたとしても、それは当たり前のこととしてとらえられますし、意見を述べ合ってこそお互いをよりよく知ることができます。そして、個人の意見を述べることは創造的な技術であり、義務でもあるのです。

いろいろなことに興味を持ち、それに対して自分はどう考えるか、また意見をどう表現すれば人を説得できるか（または関心を持ってもらえるか）を実践することは、楽しみであり喜びです。知的なゲームのように会話を楽しむのです。自分がどんな人間かを知ることにもつながりますし、人をよく知るための手段でもあるのです。

日本の大学で学生を教えてはじめて、フランス人にとっては欠かせない討論が、日本ではさっぱり重要視されてこなかったことを知りました。これは、学生の問題ではなく、日本の教育やしつけとフランスのそれとの違いなのでしょう。討論の場があってはじめて、そこで自分の意見を育てることができるようになるのだ、と私は思うようになったのです。

♣幸せのスタイル　41

自分の意見を持ち、主張するのは義務と考える

カフェはパリジャンにとってなくてはならない場所。食事や待ち合わせ、休憩として利用するのはもちろん、議論の場にもなるんです。

反対意見を躊躇する日本人と大好きなフランス人

フランス人はどんなことに対しても自分の意見を持っています。しかも、集団から抜け出すことを恐がらないよう教育されています。多様性を重んじて、尊重することも学びます。だから、マジョリティーと違う意見を持つことに躊躇はしません。

街角のカフェは、デモクラシーを学ぶ場。カウンターで一杯やってみればすぐにわかります。そこかしこで、情熱的な会話を耳にすることができるでしょう。

私にとっても、カフェは議論を楽しむ場。ソルボンヌの学生時代は大学のすぐ前にあるソルボンヌ広場のカフェで、パリ政治学院時代はこれもまた大学の前のサン・ギヨーム通りにあったBasile（バジル）というカフェで、コーヒーを前にして何時間も世界について語り合ったものです。卒業してからは、昔から文人が集まるカフェとして名高いFlore（フロール）で議論を戦わせています。

パリに行く機会があったら、街角のカフェに行ってみましょう。フランス人たるもの、たとえ自分が知らないことであっても、しっかりと自分の意見があるのです。カフェのカウンターで「私は日本に住んでいるの」などとチラッとでも言おうものなら、もう大変。ほとんどのフランス人は日本のほんとうの姿を知らないので、あちこちから日本に対するコメントや質問がとんできて、いつも果てしない議論に発展してしまいます。

フランスでは数年前から新しいタイプのカフェが流行中。「café philosophe（哲学者のカフェ）」と呼ばれるカフェで、ここに集まる人は最初から議論を目的にやってきます。親密な雰囲気の中で、その日のテーマについて皆でディベートを戦わせるのです。たまに喧嘩をしているようにも見えますが、実際はそう見えるだけのこと。あくまでも議論の場なのです。

「フランス人はしゃべりすぎだ」と日本人に言われることもあります。あんなに四六時中しゃべっていたら、さぞかし疲れるだろうというのです。そう指摘されてはじめて気がついたのですが、たしかにフランス人というのは絶え間なくしゃべり続ける国民のようです。静寂と寡黙を重んじる日本とは対極にあります。一二時間のフライトを終えてシャルルドゴール空港から自宅まで帰るタクシーの中で、運転手にどれだけの質問と意見を浴びせられることか。朝食のためにバゲットを買いにきただけなのに、気がつけば興奮してユーロの切り替えとともに高くなった物価の弊害について話をしていることも（早く朝食を済ませるために家に帰らなければ！）。フランス人の議論好きというか主張好きを客観的に見ることができるようになると、滑稽に思えることもあります。

フランスの父の家に日本人の友人を連れていったときのこと。まずはお茶でもということで、フレッシュのミントティーを飲もうということになったのです。

「フレッシュだからお湯は沸騰させないほうがいいのさ」

という父に、妹はそうではないとティーポットを取り上げて説明を始めます。その説明に納得のいかない父は、

「いやいやミレイ。私のほうが知っている」

と譲りません。

「ノ～ン。温度よりも蒸らし時間のほうが大切なんだから私がやらなくちゃ」

と妹も父もティーポットから手を離しません。

どちらかがその流儀でやろうとすると一方がダメ出しをするだけでなく、相手を言い負かそうと議論に熱心になる始末。

テーブルで友人と席についている私は業を煮やしてこう叫ばなくてはなりませんでした。

「本格的なミントティーが飲みたいわけじゃないのよ！　紅茶でもコーヒーでも早く出して」と。

静かなことはよいことです。呆れている友人の気持ちが痛いほどわかった私は、彼女の顔を見て首をすくめるしかありませんでした。

私自身、静かな環境に身を置くことの快適さを知っていますし、日本の静寂な空間を愛してもいます。対話や会話をもっとも重んじるフランス人と、「あうん」の呼吸や、推し量ることを大切にする日本人ということでしょうか。

でも、いつも黙っていたのでは誤解を受けることもあるし、あいまいなままになってしまうこともあります。こんなにも国際的になった世の中では、とくに問題でしょう。ときには言葉を使ってダイレクトなコミュニケーションを図ることも大切なのではないでしょうか。

パリでは夕食の席で盛んに議論をします。食べるという作業の次に、議論は大切なもの。「Il parle bien（あの人はほんとうによくしゃべる）」というのは、フランスではほめ言葉なのですから。

カップルでさえ、誤解を避けるために議論することは基本です。口喧嘩と仲直り（少々長い議論の末に）は、道路やレストランでよく見かけるし、いささかショッキングな場面に遭遇することもあります。「カップルの基本は何？」とフランスの女性に問いかけたとしたら、ほとんどの女性は、「議論とコミュニケーション」だと答えるのではないかしら。

♣幸せのスタイル　42

食事中は意見を交換する場でもある

「ごめんなさい」を解決法にしない

「フランス人は謝らない」これもよく聞く言葉です。たしかに、当然謝るべき場面でも「私は悪くない」と主張して譲らないガンコ者も多いので、少々耳が痛いのですが、それは別としても、日本人は謝りすぎのように思います。

これも「和」の精神がなせるわざなのでしょうか。謝れば場がなごむからなのか、それで終わりと思っているのではないか、謝ることが解決策だと考えているのではないかと感じることもあります。

「どうして謝るの?」と不思議な感じがすることもありますし、「無責任だ」と逆に頭にくることもあります。謝ることより、なぜそうなったのか、どうすべきだったのか問題点を述べ合うことのほうが大切です。お互いが誤解していたことに気がついて、謝らずに済む話だった……なんてこともあるでしょう。

フランスで外国人にフランス語を教えている知り合いから、こんなことを聞いたことがあります。あるテストで表現力を試すために、生徒たちをひとりずつ呼んで「ホームパーティに呼ばれたあなたは、そこで花瓶を割ってしまいました。ホストになんと言いますか」とシチュエーションを与えました。

ところが、日本人の生徒たちは「Je suis désolée（ごめんなさい）」を何度も繰り返すだけ。フランス人にとってはこうしたシチュエーションこそ、表現力をアピールするとき。だからこそ、テストのテーマにしたのでしょう。ちなみに、別の国の学生は「人が大勢集まるパーティなのに花瓶の置き方に問題がある。どうしてここに置いたのですか」と言ったり、「割れた花瓶にはどんな思い出があるのか」と聞くなどして会話を進めていくそう。クラスの中で文法も単語力もずば抜けている日本人が会話は苦手ということは、経験でフランス人教師も十分わかっているのですが、このときばかりは、「まったくテストにならなかったよ」と話してくれました。

日本人同士であれば、「すみません」とひと言、相手に言うことでスムーズなコミュニケーションがとれるようになるのかもしれませんが、外国人相手には通用しないことも多いと覚えておいたほうがいいかもしれませんね。

♣幸せのスタイル　43
「まず謝る」は通用しない

NHKの教育テレビ「フランス語会話」に出演していた頃。日本語はまだ上手ではありませんでしたが、チャレンジ精神で楽しみました。

「ノン」と言える日本人になろう

日本社会のベースにあるホンネとタテマエが、外国人にはいちばん理解しがたいものではないでしょうか。来日した外国人は例外なくこれに悩まされた経験があるはずです。ときとして日本人が〝偽善者〟だなどと思われる所以もここにあります。

たとえば、ある提案をしたとしましょう。日本では「おもしろいと思いますが、ちょっと難しいですね」と言います。外国人は、困難なことを乗り越えて実現してくれるものと期待します。私が「難しい」という言葉に「ノン」という意味があると知ったのは、来日してしばらくたってからのことです。

ホテルで働いている知人はこう言います。

「日本人は滞在中のふるまいはとってもいいよ。文句も言わないし、楽しんでくれていると思っていたんだ。ところが、旅の最後に書くアンケートや帰国後のクレームはとても辛辣。不満だらけだったと知ってこちらがびっくりするぐらいだよ」

こうしたたぐいの話はよく聞くことです。クレームがあれば、その場で解決したほうがお互いどんなにメリットがあることか。我慢が美徳とされている一方で、本音のところは不満として認識しているのですから、外国人にとっては不気味でさえあるのです。

自分の感情を顔に出すことなく、何を考えているのかも語らない日本人。自分の意見を遠慮なく言い、不満を感じればすぐに怒りをあらわにする欧米人には、こういう日本人は理解できない存在としてよく語られます。

たしかにホンネとタテマエのシステムはよいところもあります。余計な争いを避け、平和に暮らすことができるから。でも、ときにはイヤなものはイヤだと、失礼にならないように言うことも必要なはず。それが対等でフェアなコミュニケーションではないでしょうか。

たとえば、レストランで注文とは違う料理を持ってこられたときや、いつまで待っても料理がこないとき。「いいの、いいの。私はこれで」と言う人は、きっと心のやさしい人なのでしょうが、「和」より自分が大事なフランス人にこうした気遣いは不要です。こんなとき、フランス人が示す反応は日本人とまったく逆。過剰なほどに苦情を言うのです。

フランス人がどれほど文句を言うのが好きかは、タクシーに乗ってみればすぐにわかるでしょう。運転手は最初から最後までぶつぶつ不平を言いながら運転しますし、下車する際にもし客が小銭の持ち合わせがなかったりしようものなら、もう大騒ぎ！　郵便局の窓口で、少し手間のかかることをお願いしようものなら、不満顔を隠そうとするどころか大げさに顔をしかめたりします。こんな場面に遭遇すると、「日本人を見習ってほしいわ」と思うこともしばしばなのですが……。

「パリで私はノンと言うことを学んだ。自分の意見を躊躇なく言えるし、断ることもできる。前よりもはるかに強くなったと思う」

パリに住んでどう変わったかという質問にこう答えてくれると、私はとてもうれしくなります。自分の意見を主張するという以前に、イヤなことはイヤ、断るべきことにはハッキリとノーと言うことは当たり前だと思うからです。

また、日本人はノンと言うことが苦手なばかりか、ノンと言われることにも慣れていないようです。慶應義塾大学や東京日仏学院での講義中、私の「ノン！」に、泣きそうになる生徒がたびたびいました。まだ日本語が下手で、日本人というものを理解できていなかった私が話す「そうじゃない」「よくありません」といった表現が、断定的で厳しく感じたのだろうということはわかります。でも、ノンと言われることを恐れないでほしいのです。別に人格を全部否定されているわけではないのですから。

「違う」「イヤだ」と言われたら、それはどうしてかを考えるきっかけにすればいいこと。他人と意見が違って当然なのですから、悲しくなる必要はないのです。

同様に「ノン」と言うべきときには言いましょう。態度でも表しましょう。電車の中で痴漢に遭って黙って我慢するなんて、私にはどうしても信じられません。だから男がつけあがって「痴漢に最適の電車と時間帯、標的にしやすいタイプを教えます！」などというサラリーマン向けのおぞましい本が出たりするのです。たった一回だけ、「これは誰の手⁉」と痴漢の手をつかんで叫んだ女性を電車の中で見たことがありますが、外国人女性でした。

でも、ここ数年、大きな変化が現れています。駅には「痴漢は犯罪です！」という大きなポスターが貼られているし、男性は痴漢と間違われはしないかと、びくびくするようになりました。やっとのことで女性は痴漢を告発するようになったようです。

そして、電車の中のふるまいで言いたいことがもうひとつ。女性のヌードが載っている夕刊紙や週刊誌を平気で眺める男性たち。これはとっても無礼なこと！　日本人は礼儀正しいと感じていた私がはじめてこの光景を見たときはとてもショックでした。これも「ノン」と言ってしかるべきことです。たしかに勇気のいる行為ですが、どうぞ人の目を気にせず、イヤなことはしっかりイヤと声を出しましょう。

♣幸せのスタイル　44

相手から「ノン」と言われても気にしない

「仕方がない」は、ちゃんと怒ってから口に出す

日本人が怒っている場面をあまり見たことがありません。フランス人の私にとっては、これはとても不思議なこと。私は我慢することが大嫌いだから、すぐに気分を害するし、怒ることも多々あります。

でも、日本では怒っても無意味なことを来日してすぐに悟りました。怒りを表現するのは解決への突破口ではなく、それどころか逆効果だということ。私が怒ると、誰もしゃべらなくなります。この気まずい雰囲気。日本人は怒っている人間にどう対処したらよいかを知らないので、下手に怒るとかえって滑稽な結末になりかねないのです。

言い争うことによって問題の核心を突き、膿を出すことは、我慢し続けることよりもよほどいいコミュニケーションになりますし、健康にだっていいはずです。自分が気持ちよく「正しい」と思える生き方をするには、怒ることを避けては通れません。相ストレスもたまらないし、いつまでもグズグズと悩み続けることはなくなります。

手が家族であれ友だちであれ、怒ってしまえば否定的な考えが吹き飛んでしまうことだってあるのです。ただ注意したいのは、言葉の暴力でむやみに人を傷つけないこと。辛辣なセリフを使うのがうまいフランス人は、あとで反省することも多いのですが……。

また怒りを言葉で表されたときには、それに応えなければいけません。怒りをはね返すぐらいの強い心で、相手にしっかり向き合いましょう。バカみたいにニヤニヤするのではなくて！

そして、「仕方がない」を少し控えるようにしてみてはどうでしょう。

「仕方がない」はひとつの対処法かもしれませんが、あきらめの早いことがいいとは限りません。政治家の不正や援助交際など、社会的な問題にだけでなく、怒りをアクションとして表明すべきことはたくさんあります。そんなときに「仕方がない」なんて口にすべきではないはずです。怒りを感じるのは、自分の中に正義があるから、とも言えます。怒るべきところで怒らない人は、プライドのない人、正義や信念のない人と思われてしまうでしょう。

個人的な問題に対する怒りだけでなく、自分の周囲や世界中で起こっている差別にも怒りを表しましょう。不正、テロ、貧困など、世界中に私たちが怒らなければならないことがあふれているのですから。

♣幸せのスタイル　45

怒りを自分の中にためない

戦う勇気を持とう！　デモとストライキについて

「日本人も以前は何かというとすぐにデモ行進をしていたものだ」と、ある世代の人から聞いたことがあります。フランスでは今でもデモは日常茶飯事。パリではほとんど毎日のようにどこかでデモがあると言ったらびっくりしますか？

私の最初のデモ体験はリセ（高校）のとき。学校の制度改悪に反対するデモに参加しました。大学生になってからは、もっと頻繁に参加するようになりました。デモの持つ革命的な雰囲気が私は大好きなのです。自分の意見を表明し、政府の決定事項などにダイレクトに影響を与えることのできるデモは、民主主義の真髄だと思います。

フランスではデモだけでなく、ストライキも頻繁に起こります。労働者が自分の不満を表明するのにいちばん手っ取り早い手段だからです。とはいえ、フランスでストライキが多すぎる事実も認めざるを得ないところ。とにかくひっきりなしにどこかがストライキをしているので、うんざりさせられることもたびたびです。地下鉄、航空会社、医者は言うに及ばず、大使館の職員までストライキをするのですから。

私が日本で遭遇した驚くべきストライキは、ＮＨＫのものでした。当時、番組で講師をしていた私はいつものようにＮＨＫに出かけたところ、腕章をしたカメラマンを見かけたのです。その腕章を喪章だと勘違いした私が「誰が亡くなったの？」と聞くと、その腕章はストライキの印なのだと教えられました。それで、「そうか。では今日の撮影はないのだ」と思い、さっさと帰ろうとしたのです。

ところが、なんと撮影は平常通り行なわれるというじゃありませんか。ただ数人の技術者が腕章を巻いて、ストライキの意思表明をしていただけだという話を後から聞き、啞然としました。そぶりだけ見せて、実際にはストライキをしないとは。まったく日本は不思議な国だとつくづく思ったものです。信じられないと同時に、感嘆するほどです。

もうそろそろ、我慢をすることをやめてみませんか。怒るべきところでは怒りを表し、対立することを恐れずに、主張してみましょう。

自分が何を考えているか、何を感じているかを言うことは、ときには必要です。フランス人は自分の考えを率直に言いすぎるから、少しは日本流の我慢やホンネ・タテマエの精神を学んではどうかと思うこともありますが、日本人も逆の意味でもう少しは率直にものを言ってもよいのではないかと思うのです。

♣幸せのスタイル 46
自分も革命を起こすひとりだと自覚する

東京で行われた原発反対のデモ。フランスではデモは日常的に行われています。フランスのデモは車道を歩いて車を通行止めにするので、訴えも広く伝わります。

リスクをとることは新しい可能性を見つけること

「出る杭は打たれる」、この言葉はとても日本人の特性を表しているように思います。集団や一定の価値観から自分をはみ出させないこと、これが、行動の規範になっているように思えるのです。フランス人の私は、閉塞感で息が詰まってしまいそうですが、一方で「責任を負わずにすむ気楽さ」があるのでしょう。「赤信号、みんなで渡れば怖くない」というものです。フランス人なら「赤信号、自己責任で渡るもの」といった感じでしょうか。

でも、自分らしく生きるためには、自分の意見を持たなければ始まりません。他人と意見が違ったってかまいやしないのです。自分の意見や考えを人まかせにすることは、人生を放棄すること。周りから浮こうが、「ヘンな人」と言われたって自分の人生を追求することのほうがよっぽど大切です。「人とは違う選択ができる」と思えることは、パリジェンヌにとってうれしいことなのです。私は「ヘンな人」と人から言われたら、ちょっとうれしい気持ちがするぐらい。もちろん、周りと似たような選択や意見だとしてもそれを恥じることはありません。それが自分自身で考えたものであるなら。

まず自分に自信をつけること。自分の選択に自信を持つことが大切です。

自分の直感を信じて選択しましょう。他の人に何と言われようが関係ないのです。人の非難に動じないだけの強さと自信を身につけましょう。

そのためには、自分の性格をよく知ること。「自分の幸福はどういうことか」を知ることです。ひとりでいることが好きなのか。それとも、いつも誰かと一緒にいたいと思うのか。旅行が好きか、外国に住んでみたいと思うか。家庭を持って子どもをつくりたいと思うのか。安定した生活を望むのか。それともいつもチャレンジする人生を送りたいのか……。

そう、あなたのプライオリティは何ですか？　もう一度思い出してみましょう。何かやり残しているような気がしたら、さっそく始めましょう。それこそがあなたがずっと気にかかっていたやりたいことかもしれません。年齢を数えて選択をすることや、他人と比べることは無意味です。

パリに数ヵ月住んだことのある友人はキャリアについてこう言います。

「たしかに、数ヵ月のヴァカンスのために仕事を辞めるなんて普通は考えにくいわよね。次の勤務先も決めないまま行くんだからリスキーなことをすると周囲には思われたでしょうね。でも、海外経験は今後の人生を豊かにしてくれると思ったし、私は新しい引き出しを作りたい時期だったの。新しい引き出しが増えたら、以前の仕事とは違うことができるかもしれないし、違うことがやりたくなるかもしれないじゃない？次の仕事のあてを決めてから行こうなんて思わないわ」

引き出しを作るというのは、すてきなイメージだと思いませんか。人生を楽しく、自分らしく生きるには、自分の中にどんな引き出しを作って、どんなものを入れていきたいのかということを考えてみましょう。ちょっと個性的な引き出しを作りたかったら、人とは違うことをする必要があるかもしれないし、リスクをとらなければいけないかもしれません。

変化を恐れずに、ときにはリスクをとりながらチャレンジしましょう。

ほんとうは何がしたいのか、何が好きなのか、自分自身をよく知れば、もう自分にウソをつけなくなるでしょう。自分らしい暮らしが何かを確信したら、もう新しい人生がスタートしているのです。自分自身を好きになればなるほど、人のことも愛せるはず。そして自分にもっと自信が持てるようになるのです。

♣幸せのスタイル 47

人と違う選択ができることは喜び

小さなチャレンジを積み重ねる

自分らしい生き方をするには頭の中だけで考えても始まりません。一歩でも半歩でも前に足を踏み出すことが大切。そのときのコツは自分自身に高い要求を出してみること。何がしたいか、今の生き方で満足かを自分の心と対話します。妥協することはやめましょう。

★外見を変える

服装や髪型を変えてみましょう。たとえば、自分のワードローブにはないようなスカートでも着てみたいと思ったら、ぜひ挑戦してみるべき。あなたの違った一面が見せられます。

★自分に戻れるスペースを持つ

ひとりの時間はとても大切。どんな生活スタイルであれ、ひとりっきりになる場所、時間を作り出すことを忘れちゃダメ。「ひとり時間」を自分らしく過ごすようにしましょう。

★夫婦二人だけの時間を持つ

もしあなたが結婚していて義理の家族と住んでいるなら、夫婦二人きりの時間を持つことを忘れないで。週末には夫婦水入らずで過ごすなど、二人だけの時間を持つことはとても大切です。

★アフター5のつきあいをたまには断る

上司や同僚たちのつきあいに誘われても、たまには断ってプライベートの時間を持つべきです。居酒屋でよく見かける、同じ会社と思われる酔っぱらいの集団。その一員にはならないで。アフター5も自分らしい時間の過ごし方をすることが大切です。

★退社時間は自分の意思で決める

仕事が終わったら、部長の許可を得るようにして帰るのはやめましょう。予定通り仕事が片づき、急ぎの仕事がないのであれば、自分の意志で帰りましょう。

★ヴァカンス期間も自分の意思で決める

休みを取る権利があるのだから、一日や二日でなく、二週間程度はとるのがおすすめです。ゴールデンウィークなどを避けて、自分の好きな時期にとるようにしましょう。一年中仕事の心配をする必要はありません。もし急ぎの仕事があれば誰か代わりの人を立てて休めばいいし、急ぎでなければあなたが戻ってきてからやればいいのですから。

★冷えきった夫婦関係を我慢しない

もし、夫婦仲が会話もない、感情もない状態で立ちゆかなくなったら、別居や離婚など前向きな選択をすべきです。日常を壊すこと、終わりを認めることは難しいことですが、そんな気持ちも長く続くわけではありません。とにかく、その状況を打破すること、違う人生を再びスタートさせることが大事です。

★就職活動に妥協しない

たとえ失業期間があるとしても、興味のある仕事に就くことは大切。私の周りでも、数年間主婦だったけれど、また素晴らしい編集者として活躍している人もいます。

★仕事は企業ブランドでなく内容で選ぶ

自分がやっていることが好きかどうか自問してみましょう。日中の大半を費やすことになる仕事に何を選ぶかは大事です。有名企業に勤めていますというのはどうでもいいことで、自分のやっていることに自信を持って臨むべきです。

★リスクを背負ってでも、新しい道に飛び込んでみる

いいほうに転がるか、悪いほうに転がるかはわかりませんが、どちらにしろたしかなことは、前進していることです。「これをすればよかった、あれもすればよかった」とできなかったことを振り返って言っても、それは後の祭り。どうしようもありません。

★失敗を恐れない

パリジェンヌにとって、失敗は幸福を手にするためのファーストステップ。失敗は成長するために必要なことです。

★調和を見出す

仕事とプライベート、家族と個人……自分の人生、バランスよく。人生において大切なこと、生活習慣で必要な自分の儀式、そうしたプライオリティを自覚しながら、無理せずいいバランスを見つけましょう。

★グループから抜け出すことを恐れない

そのグループでしかほんとうに生きていけませんか？　あなたにはもっといろいろな可能性があって、成長して変化することだってあるのです。出る杭になることも大切。周囲がどう判断するか、なんて言うかなどを気にしていては、一歩を踏み出せません。

★抵抗すること、身を守ること

圧力やハラスメントには無自覚でいてはダメ。押しつぶされそうになったときは、自分を守ることが最優先。必要であれば、組織や組合などと一緒に抵抗すること。被害ばかり被っていてはダメ。反発することを覚えないと。ものすごいエネルギーを要することかもしれませんが。イニシアティブを握るのです！

★他人に干渉する

困難にぶつかっている人を見たら、お節介かもしれませんが、干渉しましょう。助ける、話を聞く、意見する、遠慮せずにやってあげましょう。

♣幸せのスタイル　48

いくつになっても自分らしくあろうと努力する

必要以上にがんばらない

日本人は何かというと「がんばります！」と言うようです。でも、もう十分にがんばったのではないでしょうか。世界有数の経済大国になったのだから、そろそろリラックスして楽しむことを上手にできるようになっていいと思います。

人生は美しいと楽天的に考えれば、ストレスは少なくなるでしょう。「La vie en rose（ラ　ヴィ　アン　ローズ・薔薇色の人生）」をイメージしてみましょう。私たちは好きなように生きることができます。そう、幸せは手の届くところにあるのです。

まずは、自由時間を上手に使うこと。プライベート・タイムを大事に使う習慣を身につけましょう。プライベートが充実しているからこそ、仕事も効率的にできるというものです。

エステティックサロンをやっている日本の友人は、最近、閉店時間を午後七時から五時に繰り上げました。当然収入は減少しましたが、ずっとしたいと思い続けていた読書や料理を、仕事後に存分にできるようになったそう。彼女のことをみんな「うらやましい」と口にするのに、実際に彼女の真似をしようとする人が少ないのは残念です。収入のレベルよりも、生活の質のほうがうんと大切なのに。

人生を豊かに過ごすためには、お金よりも暮らしを楽しむことが大切なのです。

フランスのカフェひとつをとってもわかります。五分も歩かないうちにすぐに見つかるカフェは、誰かと会ったり、デートしたり、書き物をしたり、本を読んだり、みんなが自由に時間を過ごす場所。カフェでのんびりと好きなように過ごす時間は、人生の一部です。日本ではやっているような「一種のスタイル」ではないのです。

もうひとつは、がんばらないこと。

パリジェンヌはがんばりません。もちろん、怠け者だという意味ではなく、必要以上にがんばらないということです。仕事も重要だけどプライベートも大切、そして何より愛がいちばん大事なお国柄ですから、バランスよく切り替えます。ストレスをためて我慢しながらがんばることは尊敬の対象にはならないのです。休日を返上してまで仕事もしませんし、子どもの塾の送り迎えのために仕事を辞めたりもしません。「締め切りが迫っているのに定時で帰るなんて」と日本人には呆れられますが、それは個人が決める範囲のことだとフランス人は割り切ります。

自分の生き方を尊重できれば、他人の生き方にも寛容になれるはず。それが愛される個人主義の秘訣かもしれません。

♣幸せのスタイル　49

自分なりの「薔薇色の人生」を実践する

愛すべきパリのスポットのひとつ、ノートルダム寺院。
セーヌ河岸を散歩するのも大好きです。

第六章　人生を豊かにする

ヴァカンスなしには人生は成り立たない

日本の友人たちに「ヴァカンスに出かけよう」と何度誘ったことでしょう。そのたびに「お休みが取れない」という悲しそうな返事がきます。そのことにフランス人の私は、大きなショックを受けるのです。そもそもフランス人というのは、ヴァカンスのために仕事をする人種。だからヴァカンスの時期が一年でいちばん重要。ヴァカンスから戻ったら、すぐに次のヴァカンスの計画を立て始めるほどです。それなしに人生は成り立たないと本気で心から思っているのです。

八月のパリを訪れたことのある人ならおわかりでしょう。すれ違う人のほとんどは観光客。商店はほとんどすべてクローズ。大会社の社長も、ジャーナリストもパン屋も、皆ヴァカンスに出かけてしまっているのです。

ヴァカンスの話題は、フランス人同士の話題でも大切なもののひとつ。そう、季節を問わずに話題にのぼります。夏が近づけば、もう頭はヴァカンスのことでいっぱい。「どこに行くの?」「誰と?」「どんなふうに過ごすの?」などと、話は尽きることがありません。

日本人はもっとヴァカンスを取って、人生を楽しむべきです。フランスと日本はこの点においては両極端。休暇の日数を増やすことは日本の最重要緊急課題！　何よりもまず日本人がヴァカンスを取ることが当たり前という意識を持たなければダメ。ヴァカンスというのは二泊三日でおしまいの休日ではありませんよ、念のため。

三〇年代に有給休暇の制度ができたことによって、フランス人のヴァカンス熱は高まりました。今では年に六週間の有給休暇が定められており、ほとんどすべての人がきちんとその休暇を消化します。一週間の労働時間を三五時間に定めた新しい法律ができてからというもの、いわゆる長い週末（金曜日や月曜日を休んで長めの週末にすること）も多いし、大企業では年に八週間の有給休暇を認めているところすらあります。

それはちょっとやりすぎだとは思いますが、ヴァカンスというのは仕事をするうえでも、プライベートにおいても、非常に重要な要素だということはぜひ理解してほしいのです。なぜならヴァカンスを取ることで、新しいエネルギーをチャージし、前向きに生きられるようになるから。すっかりリフレッシュし、フルに充電した状態で職場に復帰するのです。たった数日でもそれなりにリフレッシュはできますが、やはり二週間は続けてヴァカンスを取るのが理想です。

最初の数日間はストレスの発散に費やす時間。そして日常生活を離れた場を楽しむことに専念し始めます。やがてヴァカンスのリズムに体が慣れてきます。そうしているうちにヴァカンスも終わりに近づく。「ああそろそろ社会復帰を考えなければ」。こうして最後の二、三日は、そのために使うことになります。こう考えれば、最低二週間は必要なのです。

その間、仕事のことなど気にすることはありません。ヴァカンスで仕事が遅れたり、滞ったりしても、フランス人はまったく罪悪感を持たなくていいのです。ここがフランスと日本のヴァカンスに対するスタンスの大きな違いかもしれません。仕事の電話をオフィスにしても「休暇中です」と言われておしまい（最近は携帯電話やメールの普及で、仕事とヴァカンスを完全に切り離すのは難しくなっているようですが）。代理で誰かが担当してくれるということは期待できないので、いくら緊急の要件でも、相手がヴァカンスから戻ってくるまではじっと待つしかありません。

もちろん、待たされてしまう身にとっては迷惑きまわりないのですが、自由にヴァカンスを楽しむ代償として納得しているというわけです。

「無理、無理」と頭から決めつけずに、ヴァカンスを取り入れる人生にトライしてみませんか。

✣幸せのスタイル　50
ヴァカンスのためなら貯金する

海でのヴァカンスは最高！
甥っ子や姪っ子たちとゆっくり過ごせる大切な時間です。

ドラ流ヴァカンスの過ごし方

今を存分に楽しむことができるのがヴァカンスの効用です。社会や家族の束縛から解き放たれ、美しい景色を眺めたり、現地の言葉をちょっと習ってみたり……。普段はできないようなことをしましょう。明日を思いわずらうこともない。何も計画を立てず、思いがけない出会いを期待したりする。あるがままの自分自身を見つめ、なりたい自分になり切る絶好の機会を存分に味わうのです。

パリジェンヌが過ごすヴァカンスのポイントを紹介しましょう。

①何もしない

ヴァカンスのいいところは精神を解放できること。日常生活の煩わしさから解放され、仕事も、社会的役割も、年齢さえも忘れてしまいましょう。私の好きな言葉にfarnienteというイタリア語から来た言葉があります。それは、何もしない、という意味。私は動き回るのが好きなタイプだけれど、ヴァカンス中（少なくとも始めの数日間）はfarnienteが過ごし方のキーワード。浜辺に寝そべってゆったりと本を読んだりしながら過ごします。

②体のお手入れをする

仕事に遊びにフル活動の私も、ヴァカンスは体をほぐし、ストレスから解放してくれます。タラソテラピーや温泉など、体が喜ぶスポットに出かけてのんびりします。

③新しいことを始める

ヴァカンスは、何か新しいことを始めるよいチャンス。私は集中的にテニスのトレーニングを受けたりします。筋肉痛になるけれど、一気にレベルアップが図れます。語学を習うのもおすすめ。夏休みの一ヵ月を利用して、フィレンツェでイタリア語のコースを受講したことも。恋人と一緒に新しいことにチャレンジするのも豊かな時間を過ごせます。

④好きな人と一緒に過ごす

普段は忙しくてなかなか会えない人と心ゆくまで一緒の時間を楽しみます。もちろん、家族や恋人など、大切な人と過ごすのがヴァカンスでもあるけれど、日頃ゆっくり会えない友人や、姪っ子などと旅先の貸別荘などで集まって過ごしたりもします。

⑤新しい出会いを楽しむ

ヴァカンスは出会いの場。ヴァカンス先で知り合ったカップルは私の周りにたくさんいます。もしヴァカンスに出かけなかったら、決してめぐり会うことはなかっただろう相手。仕事も環境も違う相手との非日常的な場での思いがけない邂逅。

私は自由を愛し、「思いがけない偶然」を楽しみます。ヴァカンス中はとくに、なるべく予定を立てず、気の向くままに行動するようにしています。昼寝をしたくなればするし、思い立ってパーティをのぞいてみたりと好きなように過ごします。空白の時間がたくさんあるので、すてきな人に出会ったとしても、自由に動くことができるのです。だから、新しい誰かのためのスペースはいつも空けておいて。

⑥未知の国、文化、文明と触れあう

知らない国ではじめて口にする料理を味わい、未知の景色を見るのもヴァカンスの醍醐味。異文化体験は、体の芯がゾクゾクするほどの喜びです。海外旅行というとショッピング三昧の日本人と違って、フランス人は現地のものを記念に少し買う程度。旅先であまり買い物はしないのです。

日本人は好奇心旺盛。パリジェンヌの私よりもパリに詳しい人もたくさんいて、驚かされることもたびたび。でも、情報を詰め込みすぎて、偶然から始まる出会いを逃さないようにね。

⑦ゆったりと景色を鑑賞する

パリやニューヨーク、東京など大都市での生活を基盤にしているからか、ときどき無性に自然に触れたくなります。ヴァカンスはその意味においても、私には欠かせない時間。沈む夕日を見るだけで、いま生きていることに感謝の気持ちが湧いてきます。

⑧日常から逃れ、気ままな時間を過ごす

日本では上司や同僚の顔色をうかがって、二週間どころか一週間の休暇さえ取らない人がほとんどのようです。人生は短いのです。他人の目をいちいち気にしていたら何もできやしません。

「ゴールデンウィークや年末年始には、一週間程度なら毎年休んでいる」

そういう人も多いでしょうが、そんなものは私に言わせればヴァカンスではありません。皆が一斉に休み、どこも混んでいて、値段もバカ高い。わざわざストレスをため込みに行くようなもの。

好きなときに好きなだけ休みを取ってこそのヴァカンスなのです。どうか勇気を持って、一度試してほしいのです。病みつきになること、請け合いです！

これだけ言ったのだから、「でもドラ、休みが取れないのよ！」などと言う人の言葉には二度と耳を貸さないつもり。

✣幸せのスタイル 51
ヴァカンスは五感が喜ぶ体験をする

父の別荘でのパーティ。妹ミレイの発案で参加者はみんな「白」を着てやってきました。

味わうことは人生の快楽

フランス人と日本人の共通点は、おいしいもの好きだということ。食べる喜びと料理の楽しみを知っています。

フランス人の日常生活において、肉体的な喜びがどれほど重要な位置を占めているかは、食事にかける時間だけでわかります。夕食は一日のメインの食事だから、ゆっくり取るのはもちろんのこと、南フランスではどの店も正午から午後二時まで閉店してしっかりと昼休みを取ります。

フランスは美食の国。どこへ行ってもその土地の名物を味わうことができるから、ダイエットを意識した食事など思いもよりません。それなのに体重を気にする人があまりいないのは、アメリカ人が発見した有名なフレンチ・パラドックス、すなわち赤ワインに含まれるタンニンのおかげです。赤ワインポリフェノールがさまざまな病気、とくに心臓病の予防効果を持つことはご存じですか。私の大好きな赤ワイン（とくにボルドーのメドック）こそが、私の美と健康の源。おいしい赤ワインを味わうときほど、幸せを感じることはありません。

「フランス人って何歳からワインを飲むの？」とときどき聞かれますが、いくらワインの国の住民フランス人でも、まさか哺乳瓶に入れて赤ん坊にワインを飲ませているわけではありません。でも、ほんの数滴、赤ん坊に舐めさせることはよくあること。多くの家庭では、だいたい一一歳くらいから、日曜日の食事の際にちょっと飲ませるようです。

はじめて日本に来たときは、フランスワインといっても程度の悪いテーブルワインくらいしか手に入らず、しかもとても高価なことにがっかりしたものです。自分にとっておいしいワインがどれほど大事なものかを自覚したのがこのときでした。

でも、いまや時代は変わりました。田崎真也氏が世界一のソムリエになってからというもの、ワイン愛好家が飛躍的に増加し、それに伴って輸入量も増えてきました。おいしいフランスワインを日本で存分に楽しむことができるようになったのは、とても喜ばしいことです。

私が講師を務めているアカデミー・デュ・ヴァンのソムリエ、Y氏のおかげで、ワインのデギュスタシオン（味見）の醍醐味も知り、ワインの奥深さや魅力にますますとりつかれています。

日本人はどちらかというとワインを頭で味わいがちのよう。品種がどうの、何年産だの、格付けがどうの……。もちろんそういう知識も大事だけれど、それよりもまず自分の舌で自分のやり方でワインを味わってほしいのです。ワインと料理の相性もしかり。人の言うことを鵜呑みにしないこと。

「赤ワインは魚料理には合いません」など、言いたい人には言わせておけばいいのです。自分が魚と赤ワインを合わせたければ、そうしましょう。たとえばシャンパーニュなどは、いつ飲んでもかまわない酒のひとつ。乾杯用のワインというわけではないのです。ワインを飲むときは、感覚を研ぎ澄まし、香り、舌触り、味、のどごし、余韻をゆっくりと楽しみます。そうしているうちに、ワインがどういうものなのかが、徐々にわかってくるでしょう。

人の家に招かれたとき、フランス人はたいていワインかシャンパーニュを手みやげにします。チーズとバゲットとワイン、この三つがあれば「フランス人の幸せ」が味わえます。

「味わうこと」は人生の大きな快楽。それも日常の快楽。私は快楽主義者なので、おいしいものには目がないのです。ダイエットのことなど考えずにどんどん食べるし、ぐいぐい飲みます。会話が楽しく弾むと、さらに拍車がかかってしまいます。にもかかわらず、太ることはありません。食べる量と体重とはほとんど比例しないというのが私の考え。太るということは、食べる量よりも、体質や運動、精神の安定などがより大きく関係しているのではないかと思っているのです。

✣幸せのスタイル 52

ワインなしの食事はしない

ナイト・ライフは魅惑的な舞台装置

「日本人って働いてばかりいるんでしょ」

私が日本で暮らしていると知った外国人がよくする質問です。ヴァカンスも取らない仕事人間の日本人には遊ぶ余裕も時間もないはずだ、と外国人は頭から決めてかかっているようです。

そんなとき私は「そんなことはない」といつも答えます。イメージに反して、日本人は遊び好きな国民だと私は思っています。初来日の頃からずっと、この点には注目してきました。

カラオケでも居酒屋でも笑い声が絶えず、みんな楽しそうです。効率的に仕事をこなそうと思ったら、やはりこうした息抜きは必要なのだ、とそんな光景を見るにつけ思うのです。日本にはこういう娯楽は数多くあり、時間帯や気分によって、ひとりでも夫婦でも、いろいろな楽しみ方ができる環境が整っています。ただ、夜遊んでいるのは若い人かおじさんばかり。ちょっと不公平な感じは受けますが……。

さて、私の夜遊びはこんな感じです。
・仲間とレストランに行っておいしいものを食べる
・クラブやディスコで踊る
・ラウンジバーで飲んだり話したり。新しい出会いも楽しむ
・ワインバーでおいしいワインを味わう
・小さなバーで《世界を作り変える》
ナイト・ライフは、パリジェンヌにとって特別で欠かせない舞台。昼間と違う服を着て、態度も変えたりします。仕事服や普段の服装とはギャップのある装いをする人も少なくありません。そのほうが日常を忘れて心から楽しめることを知っているからです。

仕事が終わったら、家に帰って着替え、香水もちょっと変えてイメージチェンジするのがパリジェンヌ流。もちろん、会社から直行するときも、何かアクセサリーを加えて夜らしい演出をします。帽子やスカーフ、宝石をつけたり、フォーマルな靴に履き替えたり。昼間より少し濃いめのメイクも効果的。キャリアウーマンが一瞬にして妖艶なレディーに変身です。だから秘密兵器の入ったパリジェンヌのバッグは、ちょっと大きめなのです。

東京はナイト・ライフを楽しむ場所にこと欠きません。パーティ、クラブ、すてき

なバー。リラックスして自分を解放し、社会的な役割を忘れて自分自身になるために、夜の街に繰り出しましょう。

✤幸せのスタイル　53
夜遊びは、スポットも自分も謎めいているほうがより楽しい

ホームパーティは気取らず個性的に！

なにも大邸宅に住んでいなくても人は呼べます。広さに応じて人を招くのは楽しいもの。フランスでは自宅に人を招待するホームパーティが盛んです。カクテルだけのこともあれば、ディナーのときもあるし、ソワレ（夜会）を開くこともあります。盛り上がってくると音楽をかけてダンスを楽しむのは自然の流れ。ただ、最近は騒音に敏感になっているので、隣人に苦情を言われることも多いよう。パリも日本並みに厳しくなってきたようです。

料理好きは、ここぞとばかりに腕をふるいます。カクテルやパーティのような立食形式よりも、きちんと座って食事をするディナーに招き、得意の料理でもてなします。日本と違うのは、こういうときに男性が活躍すること。お皿を下げたりワインを注いだりするのは、男の仕事です。なかには女性以上に料理の得意な男性がいて、腕前を披露してくれることもよくあります。幸い、私はそういう才能を持ったボーイフレンドに恵まれていて、ドラ主宰のパーティは、ホストの私もお客さまと同じように食事やおしゃべりを楽しめるのです。

フランスでは自宅に招くからといって、子どもを同席させることはほとんどありません。ホスト側はキッチンで子どもに早めに食事をさせ、客に挨拶させてから寝かしつけます。客のほうも、子どもをベビーシッターに預けてから来るので、大人だけの会話を存分に楽しめるのです。

私が自宅でよく開くのは、日仏混合パーティ。料理好きの日本人がおいしい料理を用意してくれることが多いので、ワインはフランス人の担当。各自好みのワインを手にやってきたフランス人たちは、私の家で日本に触れ、フランスと日本のミックス文化を楽しむのです。

ワインとパンとチーズだけのシンプルなパーティもよく開きます。フランスには数え切れないほどの種類のチーズがあるのはご存じの通り。これにおいしいバゲットとワインがあれば、言うことなし。準備も簡単だし、みんな喜んでくれます。ワインとパンとチーズを味わいながら愉快な友だちに囲まれて過ごすのは、人生の喜びを感じることができる楽しいひとときです。

最初日本に来たとき、日本人があまり自宅に人を招待しないというのは、私にとって大きな驚きでした。家が狭いからだろうか、それとも自分の部屋は秘密のままで人に見せたくないのだろうか……。パリジェンヌの住宅事情もなかなか厳しいのですが、狭いからといって躊躇することはありません。それどころか、知恵をしぼってスペースを作ることに喜びを見出すほど。ベッドがソファに早変わりなんてこともよくあります。

最近は日本でもホームパーティを開く機会が増えたよう。各自が料理やワインを持ち寄って楽しむスタイルのホームパーティに私もたびたび招待されています。そういうときはみんなインテリアや家を誇らしげに披露してくれて、好奇心旺盛のフランス人は大満足！

●パリジェンヌ流パーティのいろは

パリジェンヌの家に招かれたことのある人ならご存じかもしれませんが、ゲストは約束の時間より必ず遅れて到着します。これがフランス流儀であり、礼儀なのです。以前、私の誕生日に自宅でパーティをしたときのこと。午後八時からと伝えたところ、日本人の招待客は八時から五分の間に勢揃いしてしまって慌てふためいたことがあります。

では、知らされた時間よりどのくらいあとに到着するのがいいのか、目安をお教えしましょう。ディナーによばれたときは一五分後、おつまみとカクテルメインのパーティなら一時間後、夜のパーティには二時間後（または自分の行きたい時間）というぐあい（もちろん、結婚式などのセレモニーパーティには時間厳守です）。

おみやげの定番は、ワインか花束。日本でもそうでしょうが、やはり「手みやげ」は礼儀として必要です。お金のない若い人たちの場合は、自分で焼いたクッキーだったり、一輪の花だけということもあります。大切なのは気持ち。肩ひじ張って高いワインを奮発していく必要もありません。そこらへんは回を重ねていくうちにわかってくるでしょう。

また、ディナー以外のおよばれには、友人を誘って連れていくこともしばしば。それぞれが友人を連れてきて、新しい出会いがいくつも生まれるのもパーティのおもしろさです。気の置けない仲間とだけ集まるのもいいものですが、たまには、新しい出会いや思いがけない交流を楽しむ場として家を開放してみてはどうでしょう？

✤幸せのスタイル　54

日常の暮らしを楽しんでいれば、パーティはすぐ開ける

スイートホーム！　暮らし方の楽しみ方も自分スタイル！

パリジェンヌは自分の部屋でくつろぐことも大好きです。彼女たちの部屋に遊びに行くと、居心地よく整えられた部屋は、ファッションと同様にその人らしさが表れています。

「パリジェンヌはファッションだけでなく、どうして部屋のセンスもいいの？」とよく聞かれますが、この秘訣もファッションでお話ししたことと同じ。自分のことをよく知っているから、ということに尽きると思います。自分に似合う色や形、好きな色やテイスト、そうしたことをよく吟味していること、そしてやはりポイントは「個性的かどうか（自分らしいかどうか）」で物選びをしているところではないでしょうか。

以前、パリジャン、パリジェンヌたちのインテリアを取材して本にまとめたことがありますが、そのとき感じたのは、みんな古いもの好きということ。家具や小物など、どの部屋にも古道具や蚤の市で見つけたものがあり、旅のおみやげや祖母からのプレゼントなど大切にしているものとうまくミックスコーディネートしていました。

とてもすてきな革張りの椅子が「拾ってきたものだよ」ということもよくあります。récupération（レキュペラシオン・リサイクル）も活用しますし、近所で行なわれているガレッジセールで見つけたり、人から譲り受けたりというように、家具を手に入れる方法はいろいろ。新品で揃えるということはあまりしません。

それに、中途半端な家具を買うなら「作ってしまう」のもパリジェンヌ。フランス人の bricolage（ブリコラージュ・大工仕事）好きはご存じですか。買うより安上がりだし、何より自分の好みに仕上がります。何も一から作るわけではありません。小さな棚を作ったり、壁の一部をタイル貼りにしたり、壊れた家具をリメイクしたりするぐらいであれば、一日でできてしまうから、パリジェンヌたちはひとりで（もしくはボーイフレンドに手伝ってもらって）週末を大工仕事をして過ごすのです。

たとえば、ガタついたテーブルは半分にカットし、壁につければちょっとしたコンソールになりますし、欠けたカップやお皿を砕いてタイルと一緒に鏡の周りに貼って、洗面所をデコレーションしたり……。骨董市で買った肉挽き台に、ダリの絵をコラージュした紙でシェードを作ってランプにしたという実例も見ました。こうしたアイディアはセンスを感じさせますし、何より人の手が入った温かみもあります。

パリではＢＨＶ（ベー・アッシュ・ヴェ）という専門店が有名で、日本のホームセンターや東急ハンズにあたります。パリジェンヌのブリコラージュ好き増加に伴い、BHVでは定期的に女性向けの講習会を開くようになったのだとか。

また、物を本来の用途とは違う使い道で生かすこともパリジェンヌの専売特許。これが、ミックス技と同様、住人の個性を表すコツのような気がします。パリで取材したルーシーは、タヒチで買ったパレオをソファカバーにしたり、日本のお重をアクセサリー入れとして使っていました。

もちろん私も、我が家のインテリアにそうした工夫を凝らしています。私が装飾用として利用している日本のものはこんな感じ。

蚤の市で買ったり、日本の友人から譲り受けたりして集まった着物や帯のコレクション。その帯をテーブルセンターにして敷くのがお気に入りのアレンジ法です。古い椅子の色に合わせて、単に掛けてみたりするのもすてきです。着物を飾るのは外国人の常套手段かもしれませんが、豪華な打ち掛けは最高に美しく、どんな絵画にも負けないほどの存在感だし、天井の高い私のパリのおうちにぴったりはまるのです。リビングのソファ脇に置いたコーナーテーブルは、碁盤の上にガラス板を置いたもの。また、「筆掛け」はネックレス掛けに使っていますが、見た目も美しく実用的。

ちなみに竹が大好きな私は、千葉に住む友人を訪ねては必要な分を伐採してきます。それを花入れやペン立てにして使ったり、縦に割ってプレートとして使うことも。ジャムや寿司などを載せるのにちょうどいいサイズが自由に作れます。

パリのアパルトマンには日本風に仕立てた畳敷きの小部屋があって、入り口には暖簾をつけています。ちょっとした和室風にしており、甥っ子たちはこの部屋で食事をとるのがお気に入り。彼らサイズのその部屋では、江戸時代の漆塗りの脚付き膳をテーブルにして食事をするというぐあい。

とはいえ、日本のものだけがデコレーションのアイテムではありません。リビングのソファには、マレーシアから持ち帰ったサリーが掛けてありますし、もちろん、パリや旅先で買い求めた家具や小物も思い思いに飾っています。

だから、パリジェンヌの部屋は、なんとかスタイルと統一されたネーミングは似合いません。パリジェンヌにとって、自分の部屋はアイディアや個性が詰まった自分の鏡のようなもの。いろいろなものを自分流にミックスしてできた、それこそ自分スタイルというべきものなのです。

✣幸せのスタイル　55

部屋のデコレーションも個性を反映させる

写真

Naoki Ooi（口絵、目次、p.94、p.141、p.151、p.160）、Ayumi Shino（p.33）、Pascal Morineau（p.51）、Hirokazu Ohara（p.76）、Masatoshi Uenaka（p.192）、Shinya Watabe（p.179）

special thanks to

Kumiko、Momoko、Yoshiko、Mireille、Anne、Christophe、famille Fujimori、Mami、Haru、Kazunori、Masako、Takumi、Martine、Katsuru et Fusaichiro、Naoki、Ponja (soleil)、Hajime、Ryuichi Iida et Pascale Le Maillot（ANA）、Yumiko Yamamoto（Air France）

あとがき

二〇〇六年に飛鳥新社から出版した『パリジェンヌ流おしゃれな自分革命』は、私の執筆した本の中でもバイブルとなった一冊です。

あれから何冊もの本を出しましたが、私がお伝えしているメッセージは基本的に変わりません。「自由に、自分らしく！」、「ほかの誰でもない自分の人生を生きよう」ということ。

ここ数年、日本ではフランス人的な生き方がメディアによく取り上げられるようになりました。日本にもフランス人らしい自由な生き方が広がってきているのを感じて、嬉しく思っています。

人生とは何ですか？

それは、生まれてから死ぬまでの時間をどう使うか。何を大切に生きるかということだと思います。

私はいつも「好きなことをして生きよう」と思っています。本書の冒頭にも書きましたが「無理に我慢はしない」のです。だから、いつでも自分の人生が愛おしく思えます。生活のために、家族のためにと自分を犠牲にする生き方ではなく、自分の人生が愛おしく思える生き方をしましょう。

日本とフランスを行ったり来たりしている私には、日本のみなさんの時間の使い方にはまだまだ改善の余地があると感じます。義理のおつきあいから、やりたくない残業やつらい介護など、我慢の時間が多いようです。

「母親だから」とか「責任ある立場だから」と義務感に縛られていませんか。それだけでなく、日本人は周りのことを気にして自分のことを後回しにしがちなように思えます。もっと肩の力を抜いて、自分の好きなことをしてみましょう。自分のための時間を作っていますか。たまに「自分のための時間なんて全然ないよ」なんて答えが返ってきて、本当にびっくりしてしまいます。

『好きなことだけで生きる』（大和書房）という本を書いたのも、限りある時間をどう使うかということを伝えたかったからです。好きなことをしていると、自分が好きになって自信がついてきます。

「なぜ、それをしているの？」と聞かれても、また、とがめられても、自信を持って「だって好きだから」と答えられたら素敵でしょう？

人間は一人ひとりが違う人間だからこそおもしろい。それぞれが、自分のやり方で幸せのスタイルを見つけること、それが「自分革命」です。人生は人それぞれ、幸せも人それぞれです。平等なのは時間だけ。どんな人も人生には限りがあります。

あなたの「役割」はいったん脇に置いて、そして、女性だから、男性だからではなく、人間として、本当にやりたいこと、過ごしたい時間について考えてみましょう。人の意見よりも自分の意見を大切に、年齢や役割、肩書きにとらわれずに、自分だけの人生を自由に生きてください。

あなたの時間の使い方にも「革命」が起きますように！

Vivre sa vie！（ヴィヴル・サ・ヴィ！）

二〇一七年十一月

神楽坂にて　ドラ・トーザン

＊本書は二〇〇六年五月に飛鳥新社から刊行された『パリジェンヌ流おしゃれな自分革命』の文庫版『パリジェンヌ流　今を楽しむ！　自分革命』を新装版としたものです。

編集協力・村松千絵（クリーシー）

パリジェンヌ流《りゅう》
今《いま》を楽《たの》しむ！ 自分《じぶん》革命《かくめい》

二〇一二年 五 月二〇日 初版発行
二〇一七年一二月一〇日 新装版初版印刷
二〇一七年一二月二〇日 新装版初版発行

著 者 ドラ・トーザン
発行者 小野寺優
発行所 株式会社河出書房新社
〒一五一－〇〇五一
東京都渋谷区千駄ヶ谷二－三二－二
電話〇三－三四〇四－八六一一（編集）
〇三－三四〇四－一二〇一（営業）
http://www.kawade.co.jp/

ロゴ・表紙デザイン 粟津潔
本文フォーマット 佐々木暁
印刷・製本 中央精版印刷株式会社

Printed in Japan ISBN978-4-309-41583-3

パリジェンヌのパリ20区散歩

ドラ・トーザン　46386-5

生粋パリジェンヌである著者がパリを20区ごとに案内。それぞれの区の個性や魅力を紹介。読むだけでパリジェンヌの大好きなflânerie（フラヌリ・ぶらぶら歩き）気分が味わえる！

巴里の空の下オムレツのにおいは流れる

石井好子　41093-7

下宿先のマダムが作ったバタたっぷりのオムレツ、レビュの仕事仲間と夜食に食べた熱々のグラティネ——一九五〇年代のパリ暮らしと思い出深い料理の数々を軽やかに歌うように綴った、料理エッセイの元祖。

いつも異国の空の下

石井好子　41132-3

パリを拠点にヨーロッパ各地、米国、革命前の狂騒のキューバまで——戦後の占領下に日本を飛び出し、契約書一枚で「世界を三周」、歌い歩いた八年間の移動と闘いの日々の記録。

わたしの週末なごみ旅

岸本葉子　41168-2

著者の愛する古びたものをめぐりながら、旅や家族の記憶に分け入ったエッセイと写真の『ちょっと古びたものが好き』、柴又など、都内の楽しい週末“ゆる旅”エッセイ集、『週末ゆる散歩』の二冊を収録！

早起きのブレックファースト

堀井和子　41234-4

一日をすっきりとはじめるための朝食、そのテーブルをひき立てる銀のポットやガラスの器、旅先での骨董ハンティング…大好きなものたちが日常を豊かな時間に変える極上のイラスト＆フォトエッセイ。

表参道のヤッコさん

高橋靖子　41140-8

新しいもの、知らない空気に触れたい——普通の少女が、デヴィッド・ボウイやＴ・レックスも手がけた日本第一号のフリーランスのスタイリストになるまで！　六十〜七十年代のカルチャー満載。